Zu diesem Buch

Alle Eltern finden Lesen wichtig. Nur: Wie kann der Umgang mit Büchern seinen Platz neben dem Fernsehen behaupten? Die Autoren haben eine Fülle von Situationen und Anregungen zusammengestellt, mit denen Kinder (und Erwachsene) Spaß am Vorlesen und Lesen finden: 7 goldene Regeln des Vorlesens; Gelegenheit macht Leseratten; Kinder bestimmen die Lektüre; Bücher als Ausgangspunkt für Spiele und Basteleien... Und die Stiftung Lesen schlägt Aktivitäten und Aktionen für Kindergeburtstage, Kindergarten, Elternabend vor. Und in dem ausführlichen Anhang findet sich für alle Interessierten jede Menge Material.

BETTINA MÄHLER, Jahrgang 1961, ausgebildete Lehrerin, ist Redakteurin beim *BuchJournal* (z. Zt. im Erziehungsurlaub) und freie Journalistin. Sie hat zwei Söhne (Jg. 1993 und Jg. 1994). In der Reihe «Mit Kindern leben» erschien zuletzt: «Geschwister» (rororo Nr. 9316).

HEINRICH KREIBICH, Jahrgang 1951, Dipl.-Päd. Seit 1981 wiss. Mitarbeiter der «Stiftung Lesen» in Mainz. Tätigkeitsbereich: Projektentwicklung, Begleitforschung und Großprojekte; Organisation und Konzeption von Leseförderungsprojekten. Veröffentlichungen zur Lese- und Medienerziehung.

Anregungen und Kritik bitte an folgende Adresse: Büro für wissenschaftliche Publizistik Dr. Horst Speichert, Teutonenstr. 32b, 65187 Wiesbaden. Hier erhalten Sie auch gegen Voreinsendung eines als Standardbrief frankierten DIN-C6-lang-Umschlags einen Prospekt der Reihe «Mit Kindern leben».

Bettina Mähler/Heinrich Kreibich

Bücherwürmer und Leseratten

Wie Kinder Spaß am Lesen finden.
Zusammen mit der «Stiftung Lesen»

Fotografie: Jürgen Junker-Rösch

rororo
Rowohlt

Herausgegeben von Bernhard Schön und Horst Speichert

Umschlaggestaltung: Peter Wippermann/Jürgen Kaffer
(Foto: Sam Thomas, Popperfoto, Transcobe Agency)
Fotos: Jürgen Junker-Rösch, Berlin
Redaktion: Bernhard Schön

Originalausgabe
Veröffentlicht im Rowohlt Taschenbuch Verlag GmbH,
Reinbek bei Hamburg, Juni 1994

Satz Times PostScript Linotype Library, PM 5.0,
Langosch Grafik + DTP, Hamburg
Gesamtherstellung Clausen & Bosse, Leck
Printed in Germany
1290-ISBN 3 499 19676 X

Inhalt

«Das Zeitalter des Zaubers»

Ein Gespräch mit Helme Heine

Für wen schreiben Sie?

Vögel singen nicht für Ornithologen. Sie zwitschern auch nicht, um uns beim Frühstück zu unterhalten – sie singen, weil sie singen müssen. Ähnlich geht es mir mit meinen Büchern. Ich schreibe, male, fabuliere auch aus Lust am Machen. Der eventuelle spätere Leser ist mir völlig wurscht.

Ein gutes Buch findet seine Leser immer. Es mag sein, daß es dem Verkauf dient, die Literatur nach Kinder, Jugend, Frauen etc. zu unterteilen. Mir ist das ein Greuel. Ein Buch ist ein Buch – würde Gertrude Stein sagen.

Wie kommt es, daß die Kinder Sie lesen?

Ich weiß es nicht. Vielleicht liegt es daran, daß ich meine Bücher sehr sorgfältig konzipiere, sie mit Witz und Humor gewürzt sind, in der Sprache kindlich, aber nicht kindisch. Meine Themen sind elementar: Freundschaft («Freunde»), die Vergänglichkeit des Ruhms («Der Superhase»), über das Altwerden in Würde («Elefanteneinmaleins»), über die Schöpfung («Samstag im Paradies») etc. (alle Titel bei Middelhauve). Diese Geschichten erschöpfen sich aber nicht im abenteuerlichen Tun und Handeln, sondern sind Erzählungen, die mehrere Ebenen haben und sich erst langsam erschließen in Wort und Bild. Die drei Freunde (aus dem Buch «Freunde») fahren Fahrrad, gemeinsam. Erst wenn man genauer hinschaut, entdeckt man, daß niemand dieses riesige Rad allein fahren könnte. Erst durch das gemeinsame, harmonische Wollen schaffen sie es. Das Fahrrad wird zum Symbol der Freundschaft.

Ein anderes Beispiel: Ich beweise in Worten, daß Freunde wie in der Demokratie vollkommen gleich sind. Im Bild beweise ich das Gegenteil. Die drei stehen übereinander wie die Bremer Stadtmusikanten – nur bei mir steht die kleine, schwache Maus zuunterst.

Die Leser, die Betrachter meiner Bilderbücher spüren die Kraft der Idee.

Warum sind Ihre Bücher so positiv?

Ich habe viele Jahre in Afrika gelebt, einem Land, das mich künstlerisch und menschlich sehr geprägt hat. Jetzt wohne ich in Irland. Jedesmal wenn ich nach Deutschland komme, fällt mir auf, wie pessimistisch die Menschen hier sind. Ich denke, Pessimismus ist ein Luxus, den man sich nur leisten kann, wenn es einem gutgeht. Eine positive Bejahung des Jetzt und Heute ist unabhängig von der Ökonomie und Politik. Viele Kritiker bemäkeln das als «Heile-Welt»-Fiktion. Sie wollen Realismus pur, dabei vergessen sie, daß «Tendenz-Literatur» und «Tendenz-Malerei» so kurzlebig und interessant sind wie die Zeitung von gestern. Ich gehe zeitgenössischer Problematik nicht aus dem Wege, ich stelle sie nur anders dar. Mich interessiert nicht das linke politische Spektrum oder das rechte. Mich interessiert viel mehr die elementare Problematik: gerecht oder ungerecht zum Beispiel. Dieses Thema kann ich mit Schneewittchen angehen oder mit dem Nord-Süd-Gefälle in der Weltwirtschaftsordnung. Ich finde Schneewittchen besser. Das ist kein Zynismus. Ich habe Schwierigkeiten mit den Hauptwörtern, besonders wenn sie auf -mus enden oder auf -heit. Freiheit, Gleichheit sind große Wörter, aber sie sagen mir wenig. Ich mag die Tätigkeitswörter lieber.

Wie entsteht eine Idee?

Ideen sind fast immer spontan. Mir fällt etwas ein oder auf. Ich notiere es und stecke es in meinen «Zettelkasten-Ordner». Dieser Ordner ist für mich ein Zeit-Sieb. Die modischen Themen richten sich selbst, sie fallen durch, wenn man sie nach einiger Zeit überdenkt. Andere Themen springen einen sofort wieder an. Jetzt weiß ich, das könnte mein neues Buch werden. Jetzt fehlt mir «nur» noch eine gute Geschichte und die richtige Besetzung. Das kann zwei, drei Jahre dauern.

Ein Beispiel: Ich wollte die Schöpfungsgeschichte zeitgemäß herausbringen. Hauptdarsteller: Gott. Alter: uralt. Das ist ja ein Rentner, schießt es mir durch den Kopf. Ich brauche aber einen kraftvollen Schöpfer – keinen Kirchenvater.

Monate später entdecke ich wieder: Nolde, «Der große Gärtner». Gott als Gärtner – nicht schlecht, aber ein bißchen Darwin, Konrad Lorenz wäre auch sehr reizvoll. Die Evolution der Tiere muß mit hinein!

Irgendwann kommt mir der Gedanke: Gott der Künstler, der Bildhauer, der Maler, der Wortgewaltige. Plötzlich ist alles gelöst. Der Himmel ist das Atelier, die Saurier sind überholte Entwürfe, Adam eine schöne Lehmskulptur. Jetzt braucht Gott nur noch ein Gesicht. Ich leihe ihm die Züge von Monet, den ich sehr sympathisch finde.

Wenn das Buch fertig ist, lege ich es für zwei, drei Monate in eine Ecke und schaue es nicht mehr an. Ich gehe surfen, angeln, ins Kino, errechne meine Umsatzsteuervorauszahlung und schneide den Rasen.

Wenn der Verleger mich dann anruft und mich an die Buchmesse erinnert, krame ich das Buch wieder hervor, entdecke Fehler, Schwachstellen, dramaturgische Probleme – und überarbeite alles noch einmal.

Noch ein Wort zu den Kindern, die einen Großteil meiner Leserschaft ausmachen. Ich weiß nichts über sie. Ich weiß nicht, was sie denken, was sie fühlen, empfinden, träumen. Ich weiß, wie manche reagieren, daß sie eine Eiscreme einem Spargelessen vorziehen. Aber schmeckt Kindern das Eis wie mir? Sind ihre Ängste gewaltiger als meine? Träumen sie farbig oder schwarzweiß? Denken sie mehr mit dem Bauch? Warum lieben sie den Krach mehr als die Ruhe? Die Kindheit ist der weiße (unerforschte) Fleck auf der Landkarte des menschlichen Lebens.

Gestern noch haben uns die Pädagogen bewiesen, wie schädlich die Märchen sind. Bruno Bettelheim, der große, alte, weise Mann behauptet das Gegenteil, «Kinder brauchen Märchen».

Jede Kulturepoche, jedes Zeitalter hatte ein eigenes Bild von der Kindheit.

Die Kinder hat das wenig verändert. Sie bleiben sich treu. Sie bleiben Kinder. Piaget hat Versuche mit ihnen gemacht. Er hat vor den Augen der Kinder ein Glas Wasser in eine flache Schale gegossen. Alle Kinder bis zur Einschulung – die Anthroposophen sagen bis zum Zahnwechsel – behaupten, das Wasser sei weniger geworden.

Die Kindheit ist das «Zeitalter des Zaubers». Es ist tröstlich zu wissen, daß man solche Leser hat.

Vorwort

Lesen ist für Sie selbstverständlich. Sie halten dieses Buch in den Händen, um sich zu informieren. Wenn Sie unterhalten sein wollen, greifen Sie vermutlich zu einem Roman.

Für Ihre Kinder sieht das wahrscheinlich anders aus. Die schalten den Fernseher oder den Kassettenrekorder ein und lassen sich berieseln – zumindest empfinden Sie das so. Und falls Ihr Nachwuchs noch zu klein dafür ist, haben Sie vermutlich Angst, daß es bald so sein wird. Deshalb haben Sie dieses Buch gekauft. Und deshalb habe ich es geschrieben.

Ich hatte Glück, den Fernseher habe ich erst kennengelernt, als ich schon fast in die Schule ging. Die Nachmittage verbrachte ich draußen, die verregneten Tage mit Freunden im Zimmer, das ich mit meiner für die Schule lernenden Schwester teilte, die Sonntagvormittage bei meinen Eltern im Bett. Und überall wurde gelesen, nur ich, ich konnte es nicht, war noch zu klein. Ich saß also zwischen meinen Eltern, die eine Zeitung studierten oder in einem Buch schmökerten, und hielt ein Buch in den Händen, verkehrt herum oder auch mal richtig, und tat so, als ob ich groß sei und auch lesen könnte. Ich bat ums Vorlesen, was auch geschah, monatelang dieselbe Geschichte: «Gitti und die Tomatenpflanze», mein Vater kann den Text heute noch auswendig (nach fast dreißig Jahren).

Irgendwann wurde es meiner Mutter zu bunt, und sie kaufte mir ein Abc-Buch. Das enthielt auf jeder Seite nur einen Buchstaben, und zwar in großer Druckschrift. Das stimmte nicht, soviel wußte ich schon. Also malte mir meine Mutter die kleinen Buchstaben daneben, und ich legte los, wie, das weiß ich nicht mehr genau. In Erinnerung ist mir nur noch, daß ich plötzlich die Welt der Buchstaben beherrschte. Ich konnte lesen! Wie wunderbar! Sofort mußte ein ganzes Buch her, ein richtiges, nicht mit so vielen Bildern. Und bevor ich in die Schule ging, hatte ich es ausgelesen, «Karlchen will kein Räuber sein», an den Titel erinnere ich mich noch heute. In der Schule habe ich mich dann furchtbar gelangweilt, weil ich vorgeben mußte, noch nicht lesen und schreiben zu können.

Ein pädagogischer Fehler ersten Ranges! So würden heute die Pädagogen das Verhalten meiner Mutter beurteilen. Womit sie ein kleines bißchen recht haben, denn auch heute sollen Kinder nicht vor der Schule die Schrift lernen. Aber die schlauen Wissenschaftler haben auch ein bißchen unrecht. Denn wer als Nesthäkchen mit zwei Erwachsenen und zwei älteren Geschwistern aufwächst, dem bleibt fast nichts anderes übrig, als das Lesen zu lernen – allen pädagogischen Ratschlägen zum Trotz.

Weiter ging meine Lesekarriere am Frühstückstisch, wo meine Eltern morgens die Zeitung lasen. Ich kam gar nicht auf die Idee, mir vielleicht ein Buch zu holen, ich wollte auch die Zeitung studieren. Also lernte ich, rückwärts zu lesen – etwas, das ich noch heute zum

Wenn Bücher selbstverständlich zur häuslichen Umgebung gehören, schmökern Kinder auch später gerne.

Amüsement meines Ehemannes beherrsche. Es folgten Jahre mit Mitgliedschaft in mehreren Bibliotheken, so daß ich mich nicht mit drei Büchern in der Woche begnügen mußte. Dann kam die Pubertät, in der ich mich nur noch mit Stapeln von Büchern sehe. Später ein Studium, dann die journalistische Tätigkeit – über das Lesen. Denn vor einigen Jahren begann ich, über die Aktivitäten der Stiftung Lesen – wie den «Bücherfrühling» – zu berichten. Irgendwann kam ich in die Redaktion des *BuchJournals*, eine Rezensionszeitschrift – wohin sonst, könnte man fast meinen. Im Moment versuche ich, meine kleinen Söhnchen (manchmal vergeblich) davon zu überzeugen, daß sie nicht meine Fachzeitschriften, sondern ihre Zieh- und Klappbücher als bevorzugtes Spielzeug wählen sollen.

Vor zwei Jahren entstand dann die Idee für dieses Buch, und gleichzeitig der Wunsch, es zusammen mit der Stiftung Lesen zu realisieren. Ich setzte mich mit Herrn Kreibich von der Stiftung in Verbindung, der sogleich zusagte. Anschließend überlegten wir einige Monate, was Eltern alles wissen wollen und sollen. Das Ergebnis liegt Ihnen vor.

Dieses Buch konnte nur unter Mithilfe von zahlreichen Eltern entstehen, die sich für Interviews zur Verfügung stellten, Dr. Paul Volkwein, Kinderarzt in Gelnhausen, den Buchhändlern Hans J. Jansen und Monika Trapp aus Rüsselsheim sowie der Buchhändlerin Gabriele Hoffmann (Heidelberg, Mannheim), der Frankfurter Bibliothekspädagogin Linda de Vos, den Redakteurinnen Martina I. Kischke (von der *Frankfurter Rundschau*) und Karin Arzethauser (von der *Weltwoche*), der Journalistin Anna Katharina Ulrich (von der *Neuen Zürcher Zeitung*), den Autoren Helme Heine und Gudrun Pausewang, meinem Berater Horst Speichert und meinem Lektor Bernhard Schön. Ihnen allen sei an dieser Stelle herzlich gedankt.

Ganz zu Beginn des Buches – Sie haben das Gespräch vielleicht schon gelesen – erzählt der bei Kindern und Eltern überaus beliebte Helme Heine, wie seine Bücher entstehen. Er liefert den Einblick in die Autorenwerkstatt, der Sie eine neue Sichtweise auf Kinderbücher lehren kann.

Im *ersten Kapitel* informiere ich Sie über den Stand der Wissenschaft. Denn die Leseforscher liefern die Basis für dieses Buch, sie sind diejenigen, die vor dem Verlust der Lesekultur warnen, sie sind es, die sagen, daß wir Kinder zu kompetenten Mediennutzern erziehen sollen. Zwei Meter Fachliteratur stehen auf meinen Regalen, ich habe für Sie das wichtigste zusammengefaßt, in einer allgemeinverständlichen Sprache. Wer sich nicht dafür interessiert, kann ja weiterblättern.

Denn in *Kapitel 2* beginnen die konkreten Vorschläge, wie Sie Ihre Kinder zum Lesen verführen können. Es wird Sie womöglich überraschen, daß Sie zunächst selbst gefordert sind, und zwar nicht als Vorleser, sondern als Selber-Leser. Denn Kinder lernen am Vorbild, das gilt auch für das Lesen. Anschließend finden Sie Informationen über das Bücherschenken, das Bücherkaufen, das Bücherausleihen und das Bücherbesitzen. All das ist wichtiger für Kinder, als Ihnen das vermutlich bewußt sein wird.

Und wo bleibt das Vorlesen? Das folgt in einem eigenen, dem *dritten Kapitel*, denn es hat einen solch großen Stellenwert in der Leseerziehung, daß es viele Seiten verdient. Hier berichten Eltern, Buchhändler und ein Kinderarzt von ihren Erfahrungen; einiges davon mag Ihnen selbstverständlich erscheinen, anderes wird Ihnen neu sein. Anschließend finden Sie «Die 7 goldenen Regeln des Vorlesens» – zum Einprägen. Es folgen Hinweise auf all die Stellen, an denen Sie etwas über Bücher erfahren können. Denn Zeitungen, Zeitschriften, Hörfunk, Fernsehen und zahlreiche Institutionen empfehlen regelmäßig Bücher, und zwar in Rezensionen, in Listen und durch die Vergabe von Literaturpreisen. Nur, kaum jemand weiß davon. Um Ihnen den Zugang zu diesen hilfreichen und kompetenten Buchvorstellungen zu erleichtern, habe ich aufgeführt, wo sie zu finden sind, und in den Anhängen I–IV die genauen Daten aufgelistet.

Kapitel 4 entstand auf den ausdrücklichen Wunsch meines Lektors, und ich bin froh, seiner Aufforderung gefolgt zu sein. Denn hier empfehlen Eltern Bücher, mit denen sie erfolgreich «Leseförderung» betrieben haben. Sie erzählen von Titeln, von denen sie selber und ihre Kinder begeistert waren, von Büchern, die ihnen und den Kleinen halfen, Probleme zu lösen. Kinderbuchredakteurinnen und Buchhändler lassen ebenfalls ihre jahrelange Erfahrung einfließen, so daß Sie an Beispielen sehen können, wieviel Spaß das (Vor-)Lesen machen kann.

Kapitel 5 hat selbst für mich Erstaunliches zutage gefördert. Nachdem ich eine Radiosendung über das Lesen gehört hatte, habe ich eine der Gesprächsteilnehmerinnen, Linda de Vos, interviewt. Sie ist Bibliothekspädagogin in Frankfurt, und ihre Arbeit besteht vor allem daraus, Kinder Geschichten umsetzen zu lassen – mit Papier und Stift, mit Knete und Stoff, mit Licht und Kostümen. Die eine oder andere Idee wird Sie hoffentlich zum Nachmachen animieren.

In *Kapitel 6* lasse ich Sie eine Lesung miterleben, denn es ist wunderbar, Kindern zuzusehen, die ganz von Literatur gefangen sind. Die Schriftstellerin, die vorträgt, ist kein «leichter Fall». Es handelt sich um Gudrun Pausewang, eine sehr engagierte, kritische Autorin, von der die kleinen Zuhörer mit schwierigen Themen konfrontiert wurden – was diese nicht nur klaglos akzeptierten, sondern auch sichtlich genossen. Gudrun Pausewang erzählt auf diesen Seiten auch, wie sie zum Lesen kam, warum sie kritische Bücher schreibt und wie sie die Chancen für das Lesen einschätzt.

Im *siebten Kapitel* zeige ich Ihnen, wie Sie Ihre Kinder auch noch nach dem Schulbeginn beim Lesen begleiten können. Denn mit dem 6. Lebensjahr schrumpft Ihr Einfluß keineswegs, im Gegenteil, er steigt. Gleichzeitig erfahren Sie, wie Sie den Umgang mit Comics und Kassetten für sich einfacher gestalten können (nämlich ohne Angst) und welche Themen Kinder und Jugendliche in diesem Alter interessieren. Auch hier gibt es also Buchtips.

Im *Kapitel 8* berichtet mein Koautor Heinrich Kreibich von der Stiftung Lesen, wie Eltern auf die Leseförderung bzw. das Lesen im Kindergarten und in der Schule Einfluß nehmen können. Auch dort sind die Erzieherinnen und Lehrer sehr an Elternmitarbeit interessiert – und wenn es beiden Seiten noch ein bißchen an Phantasie oder konkreten Vorschlägen fehlt: Hier finden Sie beides.

Kapitel 9 schließlich stellt die Aktivitäten der Stiftung Lesen im Überblick vor.

Bettina Mähler, Oktober 1993

Kapitel 1

Was die Leseforscher sagen

«18jährige haben im Laufe ihres Lebens mehr Stunden vor dem Fernsehschirm verbracht als in der Schule. Für keine andere Freizeitbeschäftigung wird mehr Zeit aufgebracht», stellte eine Gruppe von Hamburger Freizeitforschern 1992 fest und bestätigte damit die Ängste vieler Eltern, Pädagogen und Politiker – die durchaus berechtigt sind, denn die meisten ähnlichen Untersuchungen zum kindlichen Lese- und Fernsehverhalten kommen zu vergleichbaren Ergebnissen. Demgegenüber stehen optimistischere Einschätzungen wie die Shell-Studie von 1992, die immerhin bei 32,8 Prozent der ostdeutschen und 28,8 Prozent der westdeutschen Jugendlichen Lesen als liebste Freizeittätigkeit ermitteln konnte, sowie eine Untersuchung des Deutschen Jugendinstitutes in München, die zwei Dritteln aller Kinder (von 8 bis 12 Jahren) regelmäßiges Lesen attestiert.

Comics und Computerbücher

Die meisten Untersuchungen – gleichgültig ob mit negativem oder positivem Ergebnis – lassen einen wesentlichen Aspekt außer acht: Welche Art von Lektüre bevorzugen die Kinder und Jugendlichen eigentlich?

Denn es ist sicher nicht gleichgültig, ob sie nur Comics, nur Zeitschriften, nur Sachbücher, nur Romane oder all das parallel lesen. Oder wie eine Mutter es ausdrückt: «Wenn mein Sohn Comics vorgelesen haben möchte, schicke ich ihn zu meinem Mann, der liest so was. Das ist für mich kein richtiges Lesen.» Und eine andere Mutter stellt

Bücher konkurrieren heute mit vielen anderen Medien. Aber das Fernsehen kann auch Anregung fürs Lesen sein (s. S. 56f).

fest: «Mein Sohn ist ein Quartalsleser, und meine Tochter liest manchmal wochenlang nur Mickymaus.»

Befürchtungen wegen des einseitigen Comic-Konsums sind zwar berechtigt, aber Wissenschaftler beruhigen die ängstlichen Eltern: Heute werde anders gelesen, sagen sie. Was heißt das? Es werde nicht mehr gelesen, um sich zu bilden – «Belesenheit» sei ein sinkender Wert –, und beim Bücherkauf stehe nicht der Besitz im Vordergrund – «die Freude am schönen Buch» nehme ab; statt dessen werde das Buch informationsorientiert genutzt: Kinder haben eine große Auswahl an Lesestoffen, zu denen Comics genauso gehören wie Computerbücher und Phantasieromane. Es gibt heute viele Kinder, die weder «Onkel Toms Hütte» noch «Huckleberry Finn» oder «Mary Poppins» kennen. Auch auf schöne Illustrationen wird nicht mehr unbedingt geachtet. Schon Kinder kaufen und lesen Bücher eher wegen ihres Informationsgehaltes und ihres niedrigen Preises. Sie benutzen Bücher also genauso wie Erwachsene. Schadet das dem Lesen?

Die Antwort hierauf lautet: Leser nutzen Lektüre unterschiedlich. Die einen lesen nur zur Unterhaltung (Boulevardzeitungen und -zeitschriften sowie Unterhaltungsromane) oder nur zur Weiterbil-

dung (Fachlektüre), andere kombinieren beides. Die erwachsenen Idealleser – wissenschaftlich formuliert sind das die «habituellen» Leser – nutzen vor allem die überregionale Presse, politische und Kunstzeitschriften, gehobene Belletristik und Sachbücher. Und genauso gehen Kinder mit Büchern um, nur daß sie zu einfachen Tiergeschichten statt Unterhaltungsromanen, Bildersachbüchern statt Erwachsenensachbüchern, Phantasieromanen statt Belletristik greifen.

Lesen als Kulturgut

Eigentlich könne es doch gleichgültig sein, wie Kinder und Erwachsene Bücher nutzen, ließe sich hier einwenden, Hauptsache, sie befriedigen damit ihre Bedürfnisse. Doch Bücher so verwenden zu können, wie es der jeweiligen privaten, schulischen oder beruflichen Situation angemessen ist, muß gelernt werden. Ganz abgesehen davon, daß das Lesen nicht nur für den einzelnen, sondern für die gesamte Gesellschaft eine enorme Bedeutung hat.

Lesen fördert bei Kindern enorm viele Fähigkeiten – darin sind sich alle einig: Phantasie, Kreativität, Gedächtnis, abstraktes Denken, Einfühlungsvermögen, Sprachentwicklung, Kritikfähigkeit und sogar – wie der bekannte Pädagoge Hartmut von Hentig sagt – Weisheit.

Lesen als Freizeitbeschäftigung

Gut schneidet das Lesen im Vergleich mit anderen Freizeittätigkeiten, insbesondere dem Fernsehen, ab. Denn anders als das Fernsehen fordert Lesen ein aktives Verhalten, nämlich eigene Bilder zu produzieren, und es bietet die Möglichkeit des Wiederholens und Abbrechens. Damit kommt es der kindlichen Form des Lernens entgegen. Denn insbesondere kleine Kinder können nur dann neue Informationen speichern, wenn diese langsam und mehrmals aufgenommen werden. Dazu läßt das Fernsehen mit seinem schnellen Bildfluß und seinem abrupten Themen- und Szenenwechsel keine Zeit – ganz abgesehen davon, daß die Inhalte selbst von Sendungen für die Kleinsten nur selten kindgerecht sind.

Viele Eltern beklagen sich, daß ihre Kinder zu viele durch Medien vermittelte Erfahrungen machen und zuwenig Eigeninitiative und Kreativität entwickeln. Vergessen wird bei diesem Lamento, daß Kindheit heute einfach ganz anders aussieht als für die jetzige Elterngeneration. Fernseher, Computer und Kassettenrecorder sind ebenso Selbstverständlichkeiten wie der Kindergarten für die Kleineren und der organisierte Nachmittag mit Hort, Sport und Musikschule für die Schulkinder. Nur noch selten spielen Kinder unbeaufsichtigt auf der Straße, denn die ist in der Regel stark befahren. Nicht zuletzt hat der Faktor Zeit einen anderen Stellenwert als früher, denn Zeit haben viele Eltern nicht in dem Maße für ihre Kinder, wie beide Seiten das wünschen. Familien, in denen früher vorgelesen oder erzählt wurde, sitzen heute allenfalls noch gemeinsam vor dem Fernseher. Das soll hier nicht beklagt, sondern nur festgestellt werden: Denn die heutigen Väter und Mütter sind dadurch, daß ihre eigene Kindheit anders aussah als diejenige, die sie ihren Sprößlingen bieten, verunsichert. Ihnen ist vor allem unklar, wie sie ihren Kindern den richtigen Umgang mit den Medien beibringen sollen.

Aber nicht nur der kindliche Alltag gestaltet sich heute anders als vor dreißig oder vierzig Jahren, auch die Anforderungen sind andere geworden. Die gegenwärtige Freizeitgesellschaft verlange neue Fähigkeiten, stellt Michael Ledig vom Deutschen Jugendinstitut fest, Kinder und Jugendliche müßten heute lernen auszuwählen, sich zu informieren, Trends zu erkennen, entscheiden zu können und eigene Schwerpunkte zu setzen. Und dieser Katalog entspricht genau den Forderungen, die Bodo Franzmann von der Stiftung Lesen aufgelistet hat – die er allerdings vor allem durch das Lesen verwirklicht sieht: «Offenheit gegenüber neuen Erfahrungen, aktives Verhalten gegenüber der Umwelt und ausgeprägte Leistungsorientierung, Fähigkeit zur Integration neuer Informationen und Handlungsanforderungen, Unabhängigkeit von nicht sachbezogener Autorität, Toleranz, Überzeugung von der Wirksamkeit rationalen Problemlösungsverhaltens, Fähigkeit zur Individualisierung, zur Selbst- und Fremdverantwortlichkeit.» Lesen ist also eine der wichtigsten Voraussetzungen für alles, was Kinder heute lernen müssen. Das gilt nicht nur für schulische Leistungen, sondern auch für den beruflichen Erfolg. Doch im Gegensatz zu den meisten anderen Kulturtechniken können sich Kinder das Lesen nicht alleine aneignen, sie sind dabei auf die Hilfe von Erwachsenen angewiesen. Vor allem die Eltern sind gefordert.

Lesen als Imageträger

Noch 1988 mußte die Leseforscherin Renate Köcher feststellen, daß für viele Mütter und Väter die Lesefreude ganz unten in der Liste ihrer Erziehungsziele rangierte – Höflichkeit, Gewissenhaftigkeit, Durchsetzungskraft, Toleranz, Wissensdurst und Anpassungsfähigkeit zum Beispiel standen weit davor. Die Leseförderungskampagnen, die von der Stiftung Lesen und anderen Institutionen ausgingen, haben hier in den letzten Jahren einen grundlegenden Wandel bewirkt, wie eine aktuelle Untersuchung von Bettina Hurrelmann u. a. zeigt: Fast alle Eltern bewerten das Lesen jetzt als ein wichtiges Erziehungsziel.

Ein Makel haftet dem Lesen allerdings weiter an: Da noch immer wenige Familien Bücher in ihren Alltag einbeziehen, begibt sich für viele Kinder und Erwachsene derjenige, der sich mit einem Buch zurückzieht (das Wort deutet das Problem schon an), in die Isolation. Und Sich-Isolieren gilt weiterhin als unerwünschtes Verhalten, insbesondere in der Familie und im Freundeskreis – obwohl doch der Gebrauch von Walkman, Fernbedienung und Computer ebenfalls die

Vereinzelung fördert. Für Eltern ergibt sich hier ein Widerspruch: Einerseits wollen sie das Lesen fördern, andererseits möchten sie ihre Kinder zu sozialen Wesen erziehen.

Dazu kommt, daß das Lesen von vielen Erwachsenen – die diese Einstellung an ihre Kinder weitergeben – als zeitraubend und mühsam, das Angebot an Büchern als unübersichtlich empfunden wird. Das Lesen stellt also für viele Kinder und Erwachsene das Gegenteil dessen dar, was sie in der Familie oder mit Freunden tun möchten, nämlich gemeinsam etwas erleben, sich entspannen, sich unterhalten, und zwar möglichst ohne große Anstrengung. Für viele erfüllt das Fernsehen genau diese Funktion, zumal es – zumindest seinem Anspruch nach – eher ermöglicht, die Interessen aller Familienmitglieder zu vereinigen. Die Hamburger Freizeitforscher drücken es folgendermaßen aus: die «Erlebnisfähigkeit» des Buches werde im Vergleich zum Fernsehen als zu niedrig eingestuft.

An das Lesen muß man gewöhnt werden

Dem «Lesen als Freizeitbeschäftigung der ganzen Familie» mangelt es also weiter an einem guten Image. Sie als Käufer dieses Buches möchten daran sicher etwas ändern. Das erfordert von Ihnen allerdings beständiges Engagement. Das Lesen muß für Sie als Eltern und für Ihre Kinder einen selbstverständlichen Teil des Alltags darstellen, und zwar bis Ihre Söhne und Töchter erwachsen sind! Es gibt zwar den «unerwarteten Leser» (also jemanden, der ohne nennenswerte Leseförderung in der Familie dennoch später zum Vielleser wird), aber die meisten lesenden Erwachsenen sind von ihren Eltern und später von Erzieherinnen und Lehrern an das Buch gewöhnt worden.

Denn vor allem die Gewöhnung macht einen Menschen zum Leser. Hierin sind sich alle Leseforscher und Pädagogen erstaunlich einig. Und um hier nicht den Kulturpessimisten das Wort zu reden: die Vorbilderwachsenen dürfen durchaus den Computer bedienen, Radio hören, fernsehen, in Zeitschriften blättern. Denn ebenso unbestritten ist, daß das vorrangige Erziehungsziel heute «Medienkompetenz» heißt, d. h. bewußter und sinnvoller Umgang mit *allen* Medien. Allerdings: Das Lesen ist dabei die unverzichtbare Grundlage.

Kapitel 2

Die Eltern als Vorbild und Lehrer

«Kannst du Bücher lesen?» fragt der dreijährige Malte seinen gleichaltrigen Freund Gabriel. «Nein», muß dieser antworten. «Schade», meint Malte, denn er bewundert alle, die lesen können. Er überlegt einen Moment und sagt dann: «Na, macht nichts, dann lese ich dir vor», dreht das Buch mit den Baggern so, daß Gabriel sie richtig se-

Daniel kann noch gar nicht lesen. Doch er kann einige der kurzen Verse auswendig. Die trägt er seiner Schwester Pia vor.

hen kann, und beginnt zu erzählen: «Also, das ist der große blaue Bagger ...»

Malte weiß natürlich, daß er eigentlich noch nicht richtig lesen kann, aber die Situation des Vorlesens ist ihm so vertraut, daß er in der Lage ist, sie zu imitieren – und beim Erzählen ziemlich genau die Worte der Eltern kopiert.

Lernen am Vorbild

In der Rangfolge der Einflüsse auf das Leseverhalten von Kindern steht das Vorbild der Eltern ganz oben, erst dann kommen die Erziehung, die Schule und später die Dauer der Ausbildung. Das gilt generationenübergreifend, d. h., 87 Prozent der Eltern, die selber in einem lesefreundlichen Elternhaus aufgewachsen sind, wollen ihren eigenen Kindern ein positives Verhältnis zum Buch beibringen.

Das Lernen am Vorbild beginnt auch beim Lesen bereits im ersten Lebensjahr. Das ist sicherlich für viele überraschend. Denn wer denkt schon darüber nach, welche Bedeutung es hat, wenn Bücher in einer Wohnung herumstehen und wenn Kinder ihre Eltern beim Zeitung- oder Zeitschriftenlesen beobachten, einer Unterhaltung über einen neuen Roman zuhören oder gar Vater und Mutter beim Studium von Fachlektüre nicht stören dürfen. Doch gerade dieses Miterleben beeinflußt die Interessen der Kinder, auch schon der Kleinsten, in einem viel stärkeren Maße, als es bislang angenommen wurde.

Nicht unterschätzen darf man auch den Einfluß von Geschwistern. Einzelkinder werden eher Leser als Kinder mit vielen Schwestern und Brüdern. Lesen die Geschwister ebenfalls, hat ein Kind wieder größere Chancen, einen intensiven Bezug zu Büchern zu entwickeln. Gefragt, ob sie als Kind viel gelesen hat, fällt Karin Schenk-Roth zuallererst ein, daß ihre «ältere Schwester mir dann immer etwas gegeben hat, was ich dann verschlungen habe».

Wenn Eltern und Geschwister lesen, lernen Kinder vor allem eines: daß Lesen und der Besitz von Büchern selbstverständlich sind. Und das ist der erste Schritt in der Leseerziehung.

«Anteilhaben am Geheimwissen»

«Wir müssen das Lesen zu etwas machen, wofür das Kind sich lebhaft interessiert», schreibt der weltweit anerkannte Kinderpsychologe Bruno Bettelheim. Sie stimmen dieser Forderung sicherlich zu. Doch wie läßt sich Lesefreude im Alltag vermitteln?

Zunächst einmal – so wie oben beschrieben – über das Vorbildverhalten. Denn «das Kind reagiert darauf, daß seine Eltern emotional vom Gelesenen beeindruckt sind. Weil es die Eltern zu faszinieren scheint, fühlt sich auch das Kind dazu hingezogen. Es möchte an ihrem Geheimwissen Anteil haben», erläutert Bruno Bettelheim.

Bücher sind für die Kinder lesender Eltern also nicht nur Selbstverständlichkeiten, sondern darüber hinaus etwas, mit dem sie sich selber beschäftigen möchten, wie Birgit Spielmann bei ihrem dreijährigen Sohn Oskar schon oft beobachten konnte: «Er sieht uns häufig lesen. Aber das sieht er nie lange, weil er dann immer mit ein, zwei, drei eigenen Büchern ankommt und vorgelesen haben möchte.» Könnte

Kolja, der Sohn unseres Fotografen, sieht seinen Vater häufig lesen. Hier allerdings handelt es sich um ein gestelltes Motiv: Gerade ist Jürgen Junker-Rösch vom Stativ zurückgerannt und legt sich scheinbar entspannt ins Gras ...

Oskar schon selber lesen, würde er sich womöglich einfach mit einem Buch dazusetzen.

Der einfachste, aber häufig mißachtete Weg, Kinder teilhaben zu lassen am «Geheimwissen», ist das Gespräch. Das können wie bei Familie Spielmann-Mahlberg Unterhaltungen darüber sein, «was ein gutes Kinderbuch ist, was man sich vielleicht anschaffen oder unbedingt haben sollte. Wir tauschen uns auch darüber aus, was uns gut gefällt oder was wir nicht mehr hören können. Wenn wir zum Beispiel ein Bilderbuch fünfzigmal vorlesen müssen und den Text schon fast auswendig können, dann ist das auch Gesprächsstoff.» Der dreijährige Oskar hört diese Gespräche mit, wobei die Eltern es aber vermeiden, in seiner Gegenwart «negative Äußerungen über seine Leidenschaften» zu machen. Gelegentlich – wenn auch noch sehr selten – mischt er sich in die Gespräche ein, sogar wenn sie sich um Bücher der Erwachsenen drehen.

Oskar lernt, daß Unterhaltungen über Bücher zum Alltag gehören. Und daß es sich nicht nur um Dialoge zwischen den Eltern handelt, sondern daß er sich daran beteiligen darf. Solche Gespräche mit der ganzen Familie – also nicht nur zwischen einem Vorleser und einem Kind – über Bücher, die nicht alle gelesen haben, mögen Ihnen unrealistisch erscheinen. Denn interessieren sich Kinder tatsächlich für die Bücher der Erwachsenen? Oder andersherum: Ist ein Kinderbuch denn wirklich so wichtig, daß die ganze Familie darüber sprechen kann? Beide Fragen lassen sich mühelos mit ja beantworten, denn ein Erwachsenenbuch kann selbstverständlich Anlaß für ein Gespräch der ganzen Familie sein, vielleicht nicht über die Besonderheiten der Sprache Heinrich Bölls, aber zum Beispiel über die Nachkriegszeit, ein Thema seines Buches «Ansichten eines Clowns».

Auch ein Kinderbuch hat einen eigenen literarischen Wert und ist somit durchaus «gesellschaftsfähig» – mit der gegenteiligen Meinung wird die Buchhändlerin Monika Trapp tagtäglich konfrontiert, wenn Kunden fragen: «Haben Sie denn *nur* Kinder- und Jugendliteratur? Wo sind denn die richtigen Bücher?»

Warum sollen nicht zum Beispiel Astrid Lindgrens Pippi Langstrumpf oder Karlsson vom Dach Gesprächsanlaß sein? Oder warum kann nicht ein neues Buch, das einem Kind vorgelesen wurde oder das es selber gelesen hat, zu einem Thema der – wohlgemerkt – ganzen Familie werden? Man denke da etwa an das Bilderbuch «Wo der Pfeffer wächst» (Thienemann), in dem es um das Thema Asyl am Beispiel zweier Mäusefamilien geht. Über das Fernsehen reden viele ganz selbstverständlich: Was schauen wir heute abend, was am Wochenende? Welche Sendungen interessieren alle, welche nur einen? Darf die dreijährige Julia schon «Löwenzahn» anschauen, oder ist sie dafür noch zu jung?

Die Medienwissenschaftlerin Bettina Hurrelmann weist darauf hin, daß das Fernsehen noch eine darüber hinausgehende Bedeutung hat: Kinder setzen das Lange-fernsehen-Dürfen mit Erwachsensein gleich – für das Lesen gilt das nicht! Ganz abgesehen davon, daß 57 Prozent der Eltern Einfluß auf die Fernsehgewohnheiten ihrer Kinder nehmen wollen, aber nur 21 Prozent auf die Lektüre.

Wie kommt es zu diesem krassen Mißverhältnis?

Die Frage kann Ihnen als Anregung dienen. Vielleicht nehmen Sie sich einmal vor, morgen nicht über den neuesten «Tatort» zu reden, sondern über ein Buch, das Sie selbst gerade gelesen haben. Oder findet sich sogar eine Lektüre, mit der sich alle gerade beschäftigen? Vielleicht planen Sie sogar einen gemeinsamen (Vor-)Lesenachmittag am Wochenende, bei dem sich alle im Wohnzimmer auf der Couch versammeln.

Es gibt viele Anlässe zum Bücherschenken

Andrea Stephan, eine der für dieses Buch interviewten Mütter, erinnert sich an die Art, wie ihr das Lesen nahegebracht wurde: «Wir haben immer entsprechende Bücher bekommen, also schöne Bücher, die ansprechend gestaltet waren und mich interessiert haben.» Heute ist sie «ganz verliebt in Kinderbücher. Ich könnte ständig welche kaufen, auch ohne Anlässe, einfach weil sie mir so gut gefallen. Ich habe auch manche Bücher schon lange im Bücherschrank stehen, um bei irgendwelchen Gelegenheiten sagen zu können: ‹Guck mal hier, ich hab ein neues Buch.› – Vielleicht weil die ganze Woche schlechtes Wetter war, ein Kind krank ist oder auch einfach so.»

Die traditionellen Anlässe zum Schenken sind natürlich auch für Andrea Stephan Geburtstage, Weihnachten und Ostern. Ihre Kinder haben sich bereits daran gewöhnt, daß auf dem Gabentisch mindestens ein Buch liegt. Für viele Eltern ist das gar nicht selbstverständlich. Denn ihre Kinder wünschen sich eher Musikkassetten und Computerspiele. Hier gibt es eigentlich nur eine Möglichkeit: Sie erfüllen

Ihren Kindern ihre Wünsche und kaufen Ihnen zusätzlich ein Buch. Denn solche «Festtage» sind gute Gelegenheiten, Kinder zum Lesen zu verführen: Nicht zuletzt, weil sie sehen, daß ihre Mutter eigens in die Buchhandlung gegangen ist, einen passenden Titel ausgewählt und dafür Geld ausgegeben hat. Erwarten sollten Sie sich aber auch nicht zuviel – jedenfalls nicht sofort. Denn wenn Sie Ihr Kind gleich nach wenigen Tagen fragen, wie ihm denn das Buch gefallen habe, dann erreichen Sie eventuell genau das Gegenteil.

Welchen Eindruck Buchgeschenke im positiven Fall hinterlassen können, davon berichtet Bettina Hindemith: «Es gab eine Zeit, da ging es meinen Eltern, die getrennt lebten, finanziell sehr schlecht. Aber wenn mein Vater mich am Sonnabend von der Schule abholte, damit ich das Wochenende bei ihm verbringen konnte, dann war der erste Gang auf dem Weg zu ihm der in eine Buchhandlung. Ich durfte mir dann nehmen, was ich wollte. Und das war oft ein richtiger Pakken, auf den mein Vater oft noch etwas drauflegte, weil er dachte, daß ich das haben solle. Das hat mich wahnsinnig beeindruckt, denn ich wußte ja, daß er nicht viel Geld hatte.»

Im Antiquariat findet man nicht nur wertvolle Bücher, sondern auch billigen abgelegten Lesestoff. Man muß nur Zeit zum Stöbern mitbringen – und Kinder sind mit wahrer Begeisterung dabei.

Mit dem Stichwort «Geld» ist ein wichtiges Thema angesprochen. Denn Bücher sind nicht billig. Die Buchhändlerin Monika Trapp weist solche Einwände mit Fragen an die Eltern zurück: «Was geben Sie aus für Plastikspielzeug, für vorgefertigte Spielwelten, in denen keine eigene Kreativität mehr gefordert ist? Was kostet der Gameboy? Und die Barbiepuppe? Und ein Playmobil-Spielzeug?»

«Was soll ich deiner Tochter oder deinem Sohn denn schenken?» werden viele Eltern von Freunden und Verwandten gefragt, und zwar mindestens einmal im Jahr, wenn das Kind Geburtstag hat. Hier bietet sich die nächste Gelegenheit, Bücher zu schenken bzw. schenken zu lassen. Und die Fragenden sind meist dankbar für den Hinweis. Denn in den Kinderzimmern herrscht heute bekanntlich eher Überfülle als Leere. Bücher allerdings kann man nie genug haben.

Auf eines müssen Sie jedoch vorbereitet sein: Da Sie die Bücher in diesem Fall nicht selber auswählen, ist es möglich, daß sie Ihnen nicht gefallen. Falls die Kinder keinen Spaß daran haben, wandern sie einfach in die hinterste Ecke irgendeines Regals. Im anderen Fall werden Sie vermutlich nicht ums Vorlesen herumkommen. Es nützt dann auch nichts, die Bücher verschwinden zu lassen. Denn Kinder erinnern sich, wer ihnen wann was geschenkt hat.

Was können Sie tun, wenn Ihnen die Bücher nicht zusagen? Gar nichts, wie Andrea Stephan feststellt. Ihre Tochter hat zum Beispiel «Die zehn frechen Mäuse» geschenkt bekommen, ein Buch, das viele Kinder lieben, aber Erwachsenen weniger zusagt (siehe auch S. 68), weil dort eine ganz und gar nicht heile Kinderwelt geschildert wird. Andrea Stephan liest ihrer Tochter das Buch ohne Murren vor, weil sie den Wunsch ihrer Tochter respektiert – und weil sie weiß, daß ein Buch, das ihr selber nicht gefällt, die Ausnahme darstellt, da sie die meisten selber kauft. Sie sollten sich einfach klar darüber sein, daß Erwachsene andere Kriterien haben und von anderen Büchern fasziniert sein können als Kinder.

Die ideale Geschenksituation

Die Eltern der Freunde von Martin waren immer froh, daß sie nicht lange nach einem Geburtstagsgeschenk suchen mußten. Martin gilt nämlich als Leser. Manchmal fragen sie bei der Familie Künzel-Schön sogar nach, welchen Titel sie denn besorgen sollen. Darüber freuen sich dann nicht nur die Eltern, sondern auch der Sohn, weil er auf diese Weise einige neue Lieblingsbücher erhält.

Wenn ein Kind sich ein ganz bestimmtes Buch wünscht, stellt das die «ideale Geschenksituation» dar. Denn dann gibt es keinen Zweifel daran, daß sich das Kind für das Buch interessiert. Leider passiert das bei kleineren Kindern selten, es sei denn, sie sehen bei Freunden ein solches Buch. Oder ein Buch aus der Bibliothek entwickelt sich zum Lieblingsbuch, so daß es Tränen bei der Rückgabe gibt, wie es Andrea Stephan häufig bei ihrer Tochter Lea erlebt hat. Oder Sie haben Ihr Kind in eine Buchhandlung mitgenommen und es hat ein spannendes Buch für sich entdeckt. Falls solch ein Buchwunsch entsteht: Erfüllen Sie ihn, wenn es ihnen finanziell möglich sein sollte! Sie müssen nicht gleich morgen die Bestellung aufgeben, aber Sie sollten bei der nächsten sich bietenden Gelegenheit daran denken.

Eine Möglichkeit, zumindest für größere Kinder, ist der «Büchergutschein». Er kann in jeder Buchhandlung für jede gewünschte Summe erworben und in jeder anderen Buchhandlung eingelöst werden. Sobald ein Kind sich in einer Buchhandlung selbstverständlich bewegt (der Zeitpunkt ist von Kind zu Kind verschieden) und auf jeden Fall, sobald es lesen kann, findet es das Selber-auswählen-Dürfen auch besonders reizvoll.

Bücherkaufen ist nicht jedermanns Sache

Das Betreten einer Buchhandlung weckt bei vielen Menschen «Schwellenangst», d. h., sie sind unsicher, wissen nicht, wie sie sich in dem fremden Territorium verhalten sollen. Mancher Bücherwunsch wird so im Keim erstickt.

Zwei Mittel gegen die Schwellenangst gibt es. Das erste wenden die Buchhändler selber an, indem sie mit Lesungen (siehe auch Kapitel 5) versuchen, auch diejenigen in ihren Laden zu locken, die sonst nicht kommen würden. Das zweite Mittel heißt: Schwellenangst gar nicht erst entstehen lassen. Hier sind die Eltern gefragt, denn an ihnen liegt es, ob für ein Kind – und damit später für einen Erwachsenen – der Gang in eine Buchhandlung ganz normal ist.

Maria Kurku-Sprenger ist mit ihrem Sohn Kristopher oft nach dem Einkaufen in eine Buchhandlung gegangen, «einfach weil wir noch ein bißchen Zeit hatten. Und so ist es noch heute, dann heißt es:

‹Mama, da müssen wir unbedingt noch hin.› Wir schauen dann einfach, ohne etwas Bestimmtes zu wollen – und gehen mindestens mit einem Buch, meistens aber jeder mit einem Buch raus.»

Häufiger aber gibt es einen ganz bestimmten Anlaß für einen Besuch: Vater oder Mutter möchten ein Buch für sich oder als Geschenk kaufen, oder es steht der Geburtstag von Sohn oder Tochter oder von Freunden der Kinder an. Nutzen Sie solche Gelegenheiten! Und wenn irgend möglich, beziehen Sie ihre Kinder in die Auswahl der Bücher mit ein, wenn Sie zum Beispiel ein Bastelbuch für Weihnachten erwerben wollen, und auf jeden Fall, wenn ein Kinderbuch auf Ihrer Einkaufsliste steht. Die Buchhändlerin Monika Trapp empfindet es als Idealfall, wenn «das Kind nach einem Buch greift, das ihm etwas sagt, das ihm gefällt. Und ich gebe ganz offen zu: Ich unterstütze eher das Kind als die Mutter oder den Vater. Ich muß natürlich respektieren, wenn die Eltern dann sagen: ‹Soviel Geld möchte ich nicht ausgeben.›»

Kleine Kinder machen Bücher kaputt! läßt sich gegen einen gemeinsamen Buchhandelsbesuch einwenden. Das hängt natürlich vom Alter ab, selbst Kristopher mußte erst drei Jahre alt werden, bevor die Mutter ihn unbeaufsichtigt stöbern lassen konnte. Die Kinder sollten es auch gewöhnt sein, Bücher pfleglich zu behandeln, zumindest wenn es sich um fremde handelt. Das kann man von einem sehr kleinen Kind noch nicht verlangen. Eine letzte Einschränkung: Leider sind nicht alle Buchhandlungen kinderfreundlich, d. h., Sie müssen auf Ihre Kinder aufpassen. Das ist natürlich schwierig, wenn Sie in Ruhe ein Buch betrachten und vielleicht anlesen möchten. Denn die meisten Kinder langweilen sich schon nach kurzer Zeit, wenn die Eltern schweigsam ein Buch betrachten. Deshalb haben einige Buchhandlungen Spielecken eingerichtet. Auch im Rüsselsheimer Bücherhaus Jansen gibt es einen solchen Platz, abgeschirmt durch eine Trennwand, mit einer Höhle. Hier können sich die Kleinen eine ganze Weile beschäftigen. In der Kinderecke steht auch eine Bücherkiste mit Bilderbüchern, in denen geblättert werden darf – vorsichtig natürlich, aber auch ohne Mama oder Papa. Daß manches Kind nach dem Spielen nicht ohne dieses oder jenes Buch nach Hause gehen möchte, kalkulieren die Eltern (und der Buchhändler) gerne ein.

Was ist ein Buchclub?

Viele wissen gar nichts darüber, es sei denn, sie werden von Freunden oder Bekannten darauf hingewiesen. Die Rede ist von den Buchclubs. Es gibt sie in Form von Verkaufsfilialen in vielen Städten und als Versandbuchhandlung. Sie funktionieren alle nach dem gleichen Prinzip: Wer Mitglied wird, verpflichtet sich, einmal im Vierteljahr ein Buch aus dem aktuellen Angebot zu kaufen. Dafür erhält man viele – oft auch neue – Bücher, Kassetten und Videos billiger (manches gibt es ausschließlich bei den Buchclubs zu kaufen). Die Buchclubs versenden vierteljährlich ausführliche Prospekte, die die Möglichkeit bieten, in Ruhe zu Hause auszuwählen. (Der Bertelsmann-Buchclub hat sogar einen Kinderclub gegründet – «Schatzinsel» –, der einen separaten Katalog verschickt.) Einen Nachteil muß man in Kauf nehmen, wenn man Mitglied in einem Buchclub wird: Beim Auswählen zu Hause fehlt die fachkundige Beratung durch einen Buchhändler.

Das Niveau der Buchclubs ist sehr unterschiedlich, sowohl bei den Erwachsenen- als auch bei den Kindermedien. Während Bücherbund und Bertelsmann-Buchclub vor allem Bestseller anbieten, offeriert die Büchergilde Gutenberg eher Anspruchsvolles mit sehr guter Ausstattung. Alle haben ihr Angebot in den letzten Jahren um Kassetten, CDs und Videos erweitert.

Adressen:

- Büchergilde Gutenberg, Wilhelm-Leuschner-Str. 69–77, 60329 Frankfurt
- Der Bücherbund, Postfach 10 60 30, 70156 Stuttgart
- Kinderclub «Schatzinsel» (des Bertelsmann-Buchclubs), Ringstraße 16–18, 33378 Rheda-Wiedenbrück

Eine Bibliothek muß man nutzen können

«Das war für mich eine faszinierende Welt», erzählt Paul Volkwein über die Bibliotheksbesuche seiner Kinderzeit, «wir sind dort als Familie hingegangen, meine Mutter und mindestens zwei Geschwister. Jeder ist dann in eine eigene Ecke abgetaucht, ich als jüngster zuerst in die Ecke mit den Bilderbüchern. Es war für mich eine tolle Sache,

Kinder aus dem Kinderladen besuchen eine Bibliothek: Jedes Kind aus der Gruppe darf sich – ohne Mitsprache der Erzieherin – zwei Bücher zum Ausleihen aussuchen (oben).
Zum Abschluß des Besuchs liest eine der Bibliothekarinnen den Kindern aus einem Buch vor (unten).

Bücher auszuleihen. Ich habe einen Leseausweis gehabt mit meinem Namen drauf, und die ausgeliehenen Bücher waren für einige Wochen meine eigenen. Zu dem Zeitpunkt habe ich angefangen, Bücher zu verschlingen. Denn ich hatte ja damit Zugang zu einer ganzen Menge von Büchern, nicht mehr nur zu der begrenzten Menge zu Hause.»

Die Stadtteilbibliothek in Frankfurt-Bornheim, in die Paul Volkwein als Kind ging, ist heute die zentrale Kinder- und Jugendbibliothek der Stadt Frankfurt und gilt – neben einigen anderen – als beispielgebend in der Bundesrepublik. Auch heute noch kommen ganze Familien zum Schmökern, vor allem samstags, wenn die Eltern nicht arbeiten müssen. Dann herrsche immer eine sehr schöne Atmosphäre, berichtet die Bibliothekspädagogin Linda de Vos, denn alle genießen, daß sie gemeinsam Zeit zum Lesen haben.

Viele Bibliotheken bieten übrigens auch Spielenachmittage und Lesungen für Kinder an (siehe auch Kapitel 4 und 5), an denen die Kinder mit oder ohne Begleitung teilnehmen können.

Für die Kinder bedeutet solch eine Unternehmung einerseits eine weitere Gewöhnung an das Buch. Denn wenn die Eltern statt einzu-

In den folgenden Wochen werden die Bücher nach und nach im Kinderladen vorgelesen.

kaufen, zu putzen oder fernzusehen einen Samstag «opfern», um «nur» in der Bibliothek zu stöbern, dann hat diese Freizeitaktivität einen hohen Stellenwert. Und andererseits führt ein Besuch in der Bibliothek Kinder dort ein, macht es für sie selbstverständlich, irgendwann einmal allein dorthin zu gehen. Das ist in den meisten Büchereien ab dem 6. Lebensjahr möglich, d. h., ab dann erhalten Kinder einen eigenen Leseausweis (davor können sie mit dem Ausweis der Eltern ausleihen), vorausgesetzt, die Eltern haben eine schriftliche Genehmigung erteilt. Denn falls den Kindern Bücher abhanden kommen, muß jemand haften, und das sind in diesem Fall die Eltern.

Büchereien gibt es in vielen Orten: als Stadt- oder Stadtteilbibliothek, als katholische oder evangelische Gemeindebibliothek und als Bücherbus. Leider müssen heute viele Büchereien ihre Öffnungszeiten stark einschränken, da ihr Etat in den letzten Jahren stark gekürzt wurde – vielleicht eine Situation, in der Sie sich mit anderen Eltern (und Erzieherinnen und Lehrern) gemeinsam engagieren können ...

Selbst verantwortlich sein

«Das gehört Lea, das Anne und dieses hier?» überlegt Karin Osenbrügge-Küster, die Lieblingsbücher ihrer Kinder sortierend. «Hoffentlich räume ich sie nicht falsch ein, dann gibt es Ärger. Denn jedes Kind hat seine eigenen Bücher», erklärt sie, «manchmal immerhin leihen sie sich gegenseitig etwas aus. Oder Anne gibt ihrer kleineren Schwester Lea ein Buch, das sie nicht mehr interessiert, weil sie zu alt dafür geworden ist.»

Lea ist vier Jahre alt und Anne acht. Für beide Mädchen ist es selbstverständlich, Bücher zu besitzen. In den Kinderzimmern gibt es Regale dafür, und zwar schon, seit hier mit den ersten Klappbilderbüchern gespielt wurde. Für die Ordnung auf den Regalen sind inzwischen allerdings – meistens jedenfalls – die Kinder zuständig. Auch Sie sollten Ihre Kinder allmählich daran gewöhnen, daß sie selber für ihre Spielsachen und Bücher verantwortlich sind. Wann Sie damit beginnen, hängt von der Ordnungsliebe Ihrer Kleinen und auch von Ihrer Konsequenz ab. Bei Büchern benötigen Ihre Kinder ein bißchen Mithilfe. Denn Sie müssen klarmachen, daß Bücher nur für ganz Kleine Spielzeug wie Bausteinchen sind. Nur die Holz- und dicken Klappbilderbücher kann man ablutschen, durch die Gegend und in eine

Spielzeugkiste schmeißen, ohne daß sie kaputtgehen. Sobald Ihr Kind Bücher mit richtigen Papierseiten sein eigen nennt, sind die Bände am besten auf einem Regal aufgehoben. Oder, um das Ordnunghalten zu erleichtern, in den ersten Jahren in einer Bücherkiste. Aber auch für die Bücherkiste sollte Ihr Kind selber verantwortlich sein.

Eltern lassen ihre Kinder unterschiedlich mit Büchern umgehen. Karin und Wolfgang Schenk-Roth lassen ihre zweijährigen Tochter Paula in Büchern herummalen, denn «die gehören ihr, und damit soll sie umgehen lernen». Die meisten Eltern teilen eher die Einstellung von Andrea Stephan: «Für mich sind Bücher wertvoll, und deshalb sollte man sie auch pfleglich behandeln. Ich habe meinem Sohn Till (3) auch schon Bücher entzogen, wenn ich gesehen habe, daß er mutwillig damit umging.»

Auf welche Weise Sie Ihren Kindern beibringen, daß zumindest die Bücher für Ältere einer schonenden Behandlung bedürfen, werden Sie selbst entscheiden. Die Selbstverantwortung von Anfang an ist kostenintensiv, denn die Bücher sind eventuell nach einer Weile nicht mehr verwendbar und müssen ersetzt werden. Und Sie sollten Ihren Kindern das Bemalen nur zu Hause gestatten, da die Eltern von Freunden und Freundinnen Ihrer Kinder vielleicht eine ganz andere Einstellung dazu haben. Familie Stephans Methode erfordert ständiges Eingreifen von seiten der Erwachsenen – zumindest so lange, bis das Kind das gewünschte Verhalten verinnerlicht hat. Danach haben Sie es leichter, denn sie können sich dann sicher sein, daß die Kleinen vorsichtig mit Büchern umgehen.

Bitte nicht stören!

Unglaublich, aber wahr: Wenn ein Kind mit Bausteinen spielt, wagen die Eltern seltener, es zu unterbrechen, als wenn es ein Buch liest. Das zumindest hat Renate Köcher herausgefunden. Eigentlich erscheint solch ein Untersuchungsergebnis unverständlich. Denn bekanntermaßen sind Eltern froh, wenn ihre Kinder endlich gelernt haben, sich alleine zu beschäftigen. Der Grund für solch ein elterliches Verhalten ist anscheinend mangelnder Respekt vor dem kindlichen Leser. Für ein Kind bedeutet die Störung: Das Lesen ist weniger wichtig als das Bauen. Hilmar Stephan hat daran gemerkt, daß seine Eltern Wert auf das Lesen legten, «daß sie mir die Zeit freigehalten haben, daß ich lesen konnte. Sie haben nie gesagt: ‹Du mußt jetzt noch das und das machen.› Denn eigentlich mußte ich viel zu Hause helfen, aber beim Lesen haben mich meine Eltern nie gestört.»

Wenn Ihr Kind liest, und Sie wollen es unterbrechen, vielleicht damit es Ihnen im Haushalt hilft, überlegen Sie genau, ob Sie das nicht vermeiden können! Denn Ungestörtsein ist gerade beim Betrachten von Bilderbüchern, Vorlesen oder Selberlesen eine grundlegende Voraussetzung. Das gilt auch schon für die Kleinsten. Denn bereits Zweijährige können sich bis zu einer Viertelstunde und Dreijährige bis zu einer halben Stunde alleine mit einem Buch beschäftigen. Sie blättern, schauen sich die Bilder an, erzählen sich selber laut, was sie sehen, und lesen einer Puppe oder einem Geschwisterkind vor.

Beim Selberlesen und Bücherbetrachten haben Eltern keinen Einfluß auf den Ort, an dem das geschieht, die Kinder suchen sich einen Platz und eine Haltung je nach Stimmungslage. Anja liegt zum Beispiel bäuchlings auf dem Boden, Jonas verzieht sich am liebsten ins Bett, Christina schließt sich ins Klo ein – und wo hat Ihr Kind seinen Lieblingsplatz?

Beim Vorlesen empfiehlt es sich jedoch, von vornherein ein ungestörtes Fleckchen auszuwählen. Das kann eine Couch, ein Bett, ein Sessel oder der Fußboden sein, nur möglichst nicht das Durchgangszimmer der Wohnung oder die Küche, in der gerade jemand das Abendessen zubereitet. Auch damit signalisiert man einem Kind: Vorlesen und Lesen sind Tätigkeiten, auf die man sich konzentrieren muß und bei denen man nicht gestört werden darf. Das gilt ebenso für Erwachsene wie für Kinder.

Kapitel 3

Vorlesen soll allen Spaß machen

Malte ist ganz eng an seinen Vater gekuschelt. Atemlos und mit weit aufgerissenen Augen verfolgt er die Geschichte vom «Kleinen Gärtner» (Nord-Süd, siehe auch S. 66f). Ganz aufgeregt unterbricht er: «Aber warum will denn das kleine Gänseblümchen in den Nachbargarten, wenn es da auf den Kompost geschmissen wird?» Sein Vater erklärt es ihm geduldig. Erleichtert rutscht er wieder unter die große Decke auf dem Sofa im Wohnzimmer. Wenn Paul Volkwein von solchen Situationen erzählt, dann weiß er: «Das ist ja viel mehr als nur Vorlesen, das bedeutet Nähe und Kuscheln.» Und seine Frau ergänzt: «Im Laufe des Vormittags, wenn er müde wird, dann sucht er seinen Schnuller und sein Schmusetuch und will vorgelesen haben.»

Vorlesen bedeutet für Kinder tatsächlich viel mehr als nur das Hörbarmachen von Geschichten, erklärt der Literaturwissenschaftler Erich Schön. So sei es ganz und gar nicht gleichgültig, wer vorlese, es müssen Vater, Mutter, Großeltern oder zumindest ältere Geschwister sein. Nur mit diesen Menschen, die das Kind kenne und die es liebe, identifiziere es sich. Und es wolle teilhaben an deren Erfahrungen, wozu natürlich auch die Zugänglichkeit zu dem geheimnisvollen, attraktiven und lockenden Bereich des Lesens gehöre.

Vorlesen heißt also vor allem Nähe und Teilhaben, dem Kind ist es fast gleichgültig, welchen Inhalt die Bücher haben. Aber nur fast, denn das Vorgelesene kann sie selbstverständlich genauso interessieren oder langweilen wie Erwachsene. Ganz abgesehen davon, daß es den Eltern keineswegs gleichgültig ist, was sie ihren Kindern via Buch weitergeben.

Denn Vorlesen ist auch Vermittlung von Wissen, von Gefühlen und von Stimmungen. Kinder können im Buch vor allem sich selber wiedererkennen und dadurch etwas über sich erfahren. Das trägt zur Identitätsfindung und zur Stärkung des Selbstbewußtseins bei. Sie sehen ihre Umwelt im Buch und lernen dadurch, Dinge zu benennen und Zusammenhänge zu verstehen. Solche Darstellungen können Kindern Problembewußtsein und Verantwortungsgefühl vermitteln. Bücher führen darüber hinaus Wirklichkeitsbereiche vor, in denen Kinder selber keine Erfahrungen machen können.

Vorlesen ermöglicht sogar noch viel mehr, wie Bettina Hindemith an ihrer Tochter erfährt. Sie liest ihr jeden Tag vor, und dabei kann es sein, «daß Stella an irgendeiner Stelle etwas einfällt, was sie mir schon seit drei Tagen sagen möchte und immer wieder vergessen hat. Und in dieser ruhigen Situation, in der man zusammensitzt und liest, fällt es ihr dann wieder ein. Es kann dabei um das Buch gehen oder auch um etwas, was gar nichts damit zu tun hat.»

Vorlesen ermöglicht also auch, ins Gespräch zu kommen. Das hängt mit den durch das Buch vermittelten Inhalten und mit der Situation zusammen. Denn wann gibt es schon solche entspannten Situationen im Familienalltag, in denen ein Kind die volle Aufmerksamkeit und Zuwendung durch einen Erwachsenen genießt?

Bücher vom Babyalter bis zum 4. Lebensjahr

Manche Kinder schleppen bereits zum Frühstück einen Stapel Bücher an, andere beginnen damit erst mittags, viele bauen abends einen Turm aus Büchern vor sich auf. Zu welcher Tageszeit auch immer, damit beginnt für die meisten das Vorleseritual. Was dann folgt, hängt vor allem vom Alter der Kinder ab.

1. Lebensjahr

Sobald ein Baby greifen kann, beginnt es, mit Büchern zu spielen. Denn Bilderbücher aus Stoff, Holz oder Pappe können in den Mund gesteckt, befühlt und betastet werden. Kinder in diesem Alter wissen natürlich noch nicht, daß es sich bei ihrem Spielzeug um ein Buch handelt. Und ihnen ist auch noch nicht klar, daß die Illustrationen Abbildungen der Wirklichkeit sind, so daß sie versuchen, nach den gemalten Gegenständen zu greifen.

Niklas (1) hat schon großen Spaß an den vielfältigen bunten Formen, aber am liebsten steckt er sein Buch noch in den Mund.

Auch wenn es noch eine Weile dauern wird, bis das kleine Kind begriffen hat, was ein Buch ist, können Eltern bereits im Laufe des zweiten Lebenshalbjahres anfangen «vorzulesen», indem sie ihren Kindern die Bilder zeigen und sagen, was darauf zu sehen ist. So gewöhnen sich die Kleinen daran, daß Bücher zum Spielzeug dazugehören. Paula Roth, zwei Jahre alt, zum Beispiel «nimmt schon lange Zeit ihr Lieblingsbuch mit ins Bett – so wie andere einen Teddy. Dann sagt sie ‹Buch, Buch› und meint damit dieses eine Buch. Aber sie will es dann nicht anschauen, sondern nur neben sich legen.»

Eine weitere frühe Form des «Vorlesens» stellen Spielen und Singen dar: Eltern wissen, daß schon die Babys Kniereiter und Fingerspiele lieben und sich gerne vorsingen lassen. Das hat zunächst nichts mit Büchern zu tun. Aber viele Eltern kennen die Spiele und Lieder nicht auswendig und nehmen die Vorlagen, Melodien und Texte aus Büchern. Auch Birgit Spielmann hat ihrem Sohn Oskar, der an Dreimonatskoliken litt, «zur Beruhigung vorgesungen – was mich übrigens auch selber beruhigt hat. Das Vorsingen habe ich dann später beibehalten. Und so kam es, daß er schon mit einem Jahr ein Lieblingsbuch hatte, das er immer wieder anschleppte, nämlich das Liederbuch, aus dem ich ihm immer vorgesungen hatte. Es ist ein Liederbuch mit Bildern, wobei die Zeichnungen für ihn wie ein Inhaltsverzeichnis waren, denn er konnte daran die Lieder erkennen. So konnte er sich schon mit einem Jahr aussuchen, was wir ihm vorsingen sollten.»

Spielen und Vorsingen beruhigen nicht nur und machen Spaß: Je mehr Wörter, Reime und Lieder ein Kind gehört und je mehr Erfahrungen es gemacht hat, desto leichter wird es ihm fallen, sprechen zu lernen, Begriffe von der Welt zu bilden.

Irgendwann nach dem ersten Geburtstag beginnen Kinder zu verstehen, daß das, was sie auf Bildern sehen, Abbilder der Wirklichkeit sind. Jetzt beginnen sie, sich an Dinge zu erinnern, also innere Bilder zu entwickeln, die unabhängig von der konkreten Betrachtung eines Gegenstandes jederzeit abrufbar sind. Voraussetzung für das Wiedererkennen ist, daß die Kinder die abgebildeten Dinge kennen. Deshalb finden sich in den meisten Papp-, Holz-, Stoff-, Plastikbilderbüchern zum Ziehen und/oder Klappen Zeichnungen von Teddys, Milchfläschchen, Kinderwagen usw.

Die Eltern schauen sich gemeinsam mit dem Kind die Bilder an und erklären, was sie darstellen. Vielleicht zeigen Sie dem kleinen Leser auch noch, daß der Teddy oder der Ball aus dem Kinderzimmer demjenigen im Bilderbuch gleichen, oder andersherum, daß das Bilderbuchfläschchen genauso aussieht wie das reale. Und ganz allmählich wird das Kind in der Lage sein, die Dinge wiederzuerkennen und selber zu benennen.

Im Laufe des zweiten Lebensjahres werden die Kinder zunehmend nach detailreicheren Bildern fragen. Die kleine Paula Roth hat zu ihrem zweiten Geburtstag ein Buch geschenkt bekommen, das diesem Wunsch sehr entgegenkommt, berichtet ihre Mutter. Es heißt «Erste Bilder – erste Wörter» (Ravensburger), ist riesengroß und enthält auf jeder Doppelseite eine Reihe von Gegenständen aus dem Kinderzimmer, der Küche, dem Bad etc. Das «Vorlesen» besteht hier aus Wiederentdecken von Bekanntem. Denn die kleine Paula hat riesigen Spaß daran, «ihre» Rollbahn und «ihren» Roller im Buch wiederzufinden. Ganz nebenbei vermittelt der Band noch, daß man die Bezeichnungen für die Dinge schreiben kann, denn sie sind darunter gedruckt. Nicht daß eine Zweijährige schon lesen soll, aber auch zu begreifen, daß man die Schrift mit einem Bild in Verbindung bringen kann, bedarf der langsamen Gewöhnung.

3. Lebensjahr

Ab dem dritten Lebensjahr entwickeln Kinder Interesse an durchgehenden Geschichten, aber Eltern sollten nicht zu früh Verständnis dafür verlangen. So hat Karin Schenk-Roth bei Paula festgestellt, daß sie «einige Zeit gebraucht hat, um zu kapieren, daß eine Handlung auf der nächsten Seite weitergehen kann und daß man dafür umblättern muß». Noch jetzt entspricht das Vorlesen für Paula meist nicht dem herkömmlichen Bild: «Ich blättere, will die Geschichte in der richtigen Reihenfolge erzählen», berichtet Wolfgang Roth, Paulas Vater, «aber sie blättert dann einfach dazwischen und will sich dies und das anschauen. Dann erkläre ich ihr die Sachen, und sie wiederholt es. Irgendwann hat sie keine Lust mehr auf das Buch, klappt es zu, schleppt es weg und schleppt ein anderes an.»

Selbst dem dreijährigen Till Stephan bereitet es noch erheblich Mühe, einer durchgehenden Geschichte zuzuhören. Er liebt statt dessen Bücher mit Bildern, die kleine Szenen darstellen und auch schon

Lukas (3) und Niklas (1) haben ihr eigenes Fach im Bücherregal der Eltern. Wenn Lukas mit der Mutter sein Lieblingsbuch studiert, «redet» auch sein kleiner Bruder manchmal schon mit.

einen Hintergrund zeigen. Vorlesen bei Till heißt buchstäblich stundenlang ein Bild betrachten und darüber sprechen: Was passiert hier und was dort? Und was ist neu zu entdecken? Die Wimmelbilderbücher entsprechen Tills Bücherwünschen am meisten, allen voran Ali Mitgutschs moderner Klassiker «Rundherum in meiner Stadt» (Ravensburger), der Szenen aus dem städtischen Leben wie eine Baustelle, einen Park, ein Haus und seine Bewohner, ein Schwimmbad und noch einiges mehr zeigt. Bei Till genauso beliebt ist «Zähl mal» (Ravensburger), das auf jeder Doppelseite eine andere Szene auf einem Bauernhof darstellt, jeweils mit einem Türchen, hinter dem 1 Pferd, 2 Kühe, 3 Hunde usw. versteckt sind: «Till kann die Zahlen zwar noch nicht, aber er weiß, welche Tiere hinter den Türen sind.»

Ab dem 4. Lebensjahr

Im 4. Lebensjahr lernen Kinder, logisch zu denken, und sie interessieren sich deshalb zunehmend für Zusammenhänge. Da sie zudem die Sprache immer besser beherrschen, erlangen Bücher mit Erzähl- und Sachtexten eine größere Bedeutung. Aber häufig werden Sie immer noch nicht «richtig» vorlesen. Denn insbesondere Sachbücher lassen sich viele Jungen und Mädchen noch lieber erzählen, und sie möchten vor allem über die Bilder sprechen. Das gilt aber nur für die Jüngsten. So hat sich Kristopher, als er fünf Jahre alt war, «ein Buch für zehnjährige Schulkinder über Dinosaurier vorlesen lassen, tagelang, immer ein Kapitel nach dem anderen. Ich dachte, was hat er davon, das kann er doch gar nicht verstehen», berichtet seine Mutter. «Aber er wußte danach tatsächlich alles davon.»

Bei erzählenden Texten können Eltern oft schon nach dem dritten Geburtstag der Kinder davon ausgehen, daß diese eine Geschichte in ihrem Ablauf hören wollen, d. h. «richtiges», von Seite zu Seite gehendes Vorlesen ist jetzt möglich.

Tagein, tagaus dasselbe Buch

Bilderbücher sind häufig für Drei- bis Sechsjährige gemalt und geschrieben. Die Kleinsten haben deshalb manchmal Verständnisschwierigkeiten. Manche Eltern lösen dieses Problem, indem sie erzählend vereinfachen. Sie müssen sich ihre Version allerdings gut merken, denn die Kinder werden am nächsten Tag den Text im selben

Wortlaut wiederhören wollen. Falls Sie sich Ihre Vereinfachungen nicht merken können: Muten Sie Ihrem Kind lieber den scheinbar zu schwierigen Text zu: Denn für die Kleinen ist es oft wichtiger, daß ihnen exakt dasselbe vorgelesen wird, als daß sie alle Wörter verstehen. Darüber hinaus lernen Kinder gerade auf diese Art und Weise neue Wörter: indem ihnen Texte vorgelesen werden, die zum größten Teil bekannte und einige unbekannte Worte enthalten.

Manche Kinder haben eine eigene Lösung dieses Problems gefunden. So wird Karin Knippel-Volkwein von ihrem Sohn Malte – insbesondere bei neuen Büchern – immer wieder aufgefordert: «‹Noch mal! Noch mal!› Beim Lesen auf diese Weise versteht er jedesmal mehr.»

Das Stichwort «Wiederholung» ist beim Vorlesen ganz wichtig. Denn Kinder möchten Texte nicht nur an einem Tag mehrmals vorgelesen haben, sie wollen oft wochen- und monatelang nichts anderes hören als ein und dieselbe Geschichte. Für Eltern ist das eine harte Geduldsprobe, für die Kinder eine Notwendigkeit, denn der Wunsch nach Wiederholung deutet an, daß das Buch sie beschäftigt. Wenn sie das durch das Buch angesprochene Problem gelöst haben, «brauchen» sie das wiederholte Hören und Durchleben der immer gleichen Geschichte nicht mehr. Ist das Lieblingsbuch dann endlich – begleitet vom Aufatmen der Eltern – von einem anderen abgelöst worden, kann es nicht lange dauern, und es liegt wieder oben auf dem Bücherstapel.

Beim sechsjährigen Kristopher tauchen zum Beispiel «Kleiner Eisbär, komm bald wieder» und «Kleiner Eisbär, wohin fährst du» (beide Nord-Süd) immer wieder auf: «Die Bücher hat er mit vier Jahren geschenkt bekommen, und im Moment sind es wieder mal – aber nicht zum erstenmal – seine Lieblingsbücher. Inhaltlich geht es darum, daß der kleine Eisbär von zu Hause weggeht – mal aus Versehen und mal mit Absicht – und Abenteuer erlebt. Das ist bei Kristopher immer wieder Thema, jedesmal wenn eine Art Weiterentwicklung und Loslösung stattfindet.»

Darüber reden ist sehr wichtig

Das «Danach» ist mindestens ebenso wichtig wie das Vorlesen selber. Eigentlich läßt es sich gar nicht davon trennen. Denn mit Danach sind die Gespräche beim Vorlesen gemeint, und zwar sowohl die Verständnisfragen, mit denen die Kinder die Vorlesenden unterbrechen, als auch die Gespräche über Probleme, Gefühle, Phantasien und Träume – die die kleinen Zuhörer manchmal schon während des Vorlesens, und nicht erst danach, wünschen. Die Kinder identifizieren sich mit den Helden der Bücher, und mit ihrer Hilfe gelingt es ihnen, über Dinge zu sprechen, die sie sonst für sich behalten hätten. Maria Kurku-Sprenger hat das bei ihrem Sohn Kristopher, der vor einem halben Jahr ein Brüderchen bekam, erlebt. Sie las ihm vor der Geburt des Geschwisters das Buch «Mariemoritz» von Gudrun Mebs (Nagel & Kimche) vor, und Kristopher beschäftigte sich sehr intensiv damit, daß «der David sich gewünscht hat, daß die Schwester wieder weg ist. Denn die wurde dann krank, und David hat gedacht, er sei daran schuld. Kristopher hat gleich beim Lesen nachgehakt, warum David denn so ein schlechtes Gewissen habe. Dann wollte er nach dem Vorlesen darüber sprechen und am nächsten Tag noch einmal.» Kristopher konnte über seine Eifersucht reden, ohne zu sagen: «Ich bin eifersüchtig.» Der eifersüchtige Buch-David hatte ihm das ermöglicht.

Kinder beschäftigen sich oft sehr lange mit einem Thema, deshalb wollen sie mehrmals und in größeren zeitlichen Abständen über das Gehörte reden. Nehmen Sie diese Gesprächswünsche ernst! Denn die Kleinen brauchen Ihre Hilfe bei der Verarbeitung!

Kristopher hat bei «Mariemoritz» das Anliegen des Buches sofort verstanden. Manchmal fühlt er sich aber eher von Details angesprochen, wie seine Mutter beim Vorlesen von «Irma hat so große Füße» (Sauerländer) festgestellt hat: «Da geht es eigentlich um eine kleine Hexe, die nicht mehr zaubern kann, und nur ganz nebenbei ums Zähneputzen. Aber für Kristopher ist das die entscheidende Sache im Buch. Das hat überhaupt nichts mit dem Buch zu tun, denn das Zähneputzen war schon vorher für ihn Thema.»

Das Beispiel zeigt auch, daß wir nicht darauf drängen sollten, von uns aus gleich nach dem Vorlesen über «brenzlige» Themen der Bücher reden zu wollen. Denn erstens fühlen sich die Kinder nicht immer von demjenigen angesprochen, was die Erwachsenen für wichtig halten. Achten Sie deshalb genau auf die Reaktionen Ihrer kleinen Zuhörer! Zweitens dauert es manchmal lange, bis Kinder das Gehörte so weit verarbeitet haben, daß sie darüber reden möchten. Warten Sie also, bis Ihre Kleinen sich äußern möchten, das kann auch erst am nächsten Tag oder nach einer Woche oder sogar noch viel später – und manchmal gar nicht – sein!

Natürlich sollten wir uns umgekehrt auch keinen Maulkorb umhängen und gar nicht mehr über das reden, was gerade uns an einem Buch beschäftigt. Wir müssen nur – wie sonst auch – ein Gespür dafür entwickeln, was unsere Kinder verstehen können, was an ihnen vorbeigeht oder was sie vielleicht gerade nicht hören mögen.

Die folgenden Tips geben Ihnen einige Anhaltspunkte, wie Sie ein Gespräch anknüpfen können. So können Sie mit Ihren Kindern

- über den Titel, das Titelbild und einzelne Figuren sprechen;
- darüber reden, ob sie es richtig finden, was im Buch geschieht, also ihre Meinung erfragen;
- die Frage stellen, wie es wohl weitergehen möge, und zwar am Ende eines Kapitels. Am Ende des Buches läßt sich die Geschichte womöglich in der Phantasie weiterspinnen;
- über die Bilder reden, indem sie sie genau betrachten oder die Kinder nach etwas suchen lassen;

Julius interessiert sich auch für das Buch über Botticelli, in dem seine Mutter blättert, und er entdeckt Mamas, Papas und Babys ...

- mit Hilfe von Sachbilderbüchern über Themen wie Tiere, Natur, Technik, Gesundheit, fremde Länder usw. sprechen.

Das Abendritual

«Rituale sind jetzt leider seltener geworden», bedauert Bernhard Schön, «das Vorlesen ist glücklicherweise eines geblieben.» Rituale haben auf Kinder eine beruhigende und stabilisierende Wirkung, das gilt auch für das Vorlesen. Unter anderem um dieses Effektes willen wird es von Anfang an praktiziert. Von Anfang an, das heißt im ersten Lebensjahr, und das heißt vor allem in Form von Singen.

«Ich habe schon gesungen, als Karolin und Laura noch gar nicht sprechen konnten», erzählt Brigitta Weidenbach von ihren Zwillingen, «und zwar mittags zum Einschlafen. Dann habe ich mich auf die Couch gesetzt, ein Kind links und ein Kind rechts. Dabei sind sie auch tatsächlich immer eingeschlafen.» Bernhard Schöns Sohn Martin, inzwischen 13 Jahre alt, hat sich «bis zum Alter von acht, neun, sogar zehn noch abends beim Einschlafen vorsingen lassen, und zwar von meiner Frau drei und von mir fünf bestimmte Lieder. Es hat ihm auch nichts ausgemacht, wenn jemand anders dabei war, es war ihm also nicht zu kindisch.»

Beim Vorsingen kommt es nicht auf den Inhalt des Gesungenen an, entscheidend ist, daß die Kinder den Klang der Lieder und sogar ihre Abfolge kennen. Das Vertrautsein macht seine Wirkung aus.

Zum Vorsingen, auf das die meisten Kinder nicht gerne verzichten, kommt im Laufe der ersten Jahre das Vorlesen. Und genau wie das Vorsingen beruhigt es die Kinder. Viele Eltern wissen darum und lesen deshalb ihren Kindern vor, wenn diese eine Ruhephase benötigen, weil sie müde sind, aufgedreht aus dem Kindergarten kommen oder während eines Kindergeburtstages beruhigt werden sollen. Manche Kinder wollen auch den Tag mit einem Buch beginnen. (Einige Verlage haben schon auf diesen «Leserwunsch» reagiert und bieten «Steh-auf-Geschichten» an.) Das kommt dann weniger dem Wunsch nach Ruhe als dem nach Wiederholung entgegen. Aber wie schon mehrmals angedeutet, auch das Wiederholen beruhigt und verschafft Kindern ein Gefühl von Normalität und Sicherheit.

In den meisten Familien ritualisiert sich das Vorlesen eher am Abend, und zwar unmittelbar vor dem Einschlafen. Es bedarf jedoch, im Gegensatz zum Vorsingen, einiger Übung, damit es nicht den gegenteiligen Effekt erzielt. Karin Schenk-Roth hat beim Ins-Bett-Bringen ihrer zweijährigen Tochter Paula «eine Zeitlang versucht, ein Buch anzuschauen, aber ich hatte das Gefühl, daß sie dann länger zum Einschlafen brauchte, erst noch einen Moment abschalten mußte, weil das Gelesene sie aufgewühlt hat. Deswegen habe ich das Buch-Anschauen wieder auf tagsüber verlegt.» Und den vierjährigen Zwillingen Karolin und Laura Weidenbach legt ihre Mutter abends keine neuen Bücher vor, die «lesen wir nur tagsüber, diejenigen, die abends vorgelesen werden, kennen die Kinder schon, über die haben wir dann schon gesprochen».

An dieser Stelle wird vielleicht manchem geplagten Elternteil klar, warum seine oder ihre Kinder immer und immer wieder dieselbe Geschichte hören wollen: Die ständige Wiederholung dient nicht nur der Verarbeitung von Gelesenem, sie verhilft den Kindern zur Nachtruhe.

Ganz entscheidend für den Erfolg des Abendrituals ist noch ein weiterer Punkt, auf den Dr. Paul Volkwein, Kinderarzt in Gelnhausen, hinweist: «Wenn Eltern sagen, mein Kind schläft nicht, versuche ich,

Wenn der Vater nach Hause kommt, wollen seine Kinder ihn erst einmal ganz für sich haben. Oft bedeutet das, daß er jedem etwas vorlesen soll. Manchmal gibt es dann Streit über die Reihenfolge.

die Situation in der Familie schon am Nachmittag nachzuvollziehen. Und da bin ich immer wieder erschüttert zu hören, wie sehr manche Eltern ihre Kinder in der Dämmerungs- bis zur Einschlafphase sich selbst überlassen. Damit ein Kind zur Ruhe kommen kann, sollte ihm vorgelesen und vorgesungen werden, und es sollte frei erzählt werden. Denn es ist für mich ganz entscheidend, daß Eltern versuchen, Erlebnisse der Kinder aus dem Tagesablauf herauszugreifen, von denen sie glauben, daß sie etwas Außergewöhnliches waren. Dann kann man diese Dinge in einer Weise besprechen, daß Spannungen abgebaut werden, und das, meine ich, ist der Übergang zum Schlafen.»

Eltern kleinerer Kinder kennen das: Diese wollen zwar abends vorgelesen bekommen, aber nicht über Bücher, sondern über ihren Alltag sprechen. In manchen Familien wird deshalb auch eine Variante des Vorlesens praktiziert, so wie bei Spielmann-Mahlbergs, die ihrem dreijährigen Sohn Oskar beim Einschlafen erfundene Geschichten erzählen. Anlässe dafür gibt es genug, kürzlich war es ein Schnupfen, der Oskar plagte.

Eines sollte Ihnen bewußt sein, wenn Sie das Ritual «Vorlesen vor dem Einschlafen» einführen: Ein Ritual verlangt, daß es tatsächlich jeden Tag praktiziert wird, d. h., Ihren Kindern wird es schwerfallen, ohne das Ritual einzuschlafen. «Für meine Kinder ist es eine schlimme Strafe, wenn ihnen die Gute-Nacht-Geschichte gestrichen wird», berichtet Karin Osenbrügge-Küster, «denn das gehört einfach dazu. Und vorgestern hatten sie etwas angestellt, da haben wir ihnen zur Strafe nichts vorgelesen, das war die absolute Katastrophe für die beiden, die waren todunglücklich. Sie haben sich dann damit geholfen, daß die Anne (8) der Lea (4) die Gute-Nacht-Geschichte vorgelesen hat. Das fand ich toll.»

Was hätte Lea nur ohne ihre Schwester Anne gemacht? Nun, auch Kinder ohne Geschwister, die schon lesen können, wissen sich zu helfen. Der vierjährige Till zum Beispiel steht manchmal, wenn er schlafen soll, wieder auf und schaut sich seine Bilderbücher an. Dabei erzählt er laut vor sich hin. Irgendwann ist er dann müde, schlägt das Buch zu, legt sich hin und schläft ein.

Das abendliche Vorleseritual hat bei vielen Familien noch einen weiteren Bestandteil, nämlich das Gebet. Es ist (wie das Vorlesen) auf eine «Atmosphäre der Stille und der Sammlung angewiesen», und es ist eine «Einladung zum Gespräch», schreiben Erich Jooß und Herbert Holzing im Nachwort zu «Das große Buch der Kindergebete» (das 1991 mit dem Katholischen Kinderbuchpreis ausgezeichnet worden ist; Herder). Und sie ergänzen, daß erst das gemeinsame Beten die Voraussetzung für das selbständige Gebet schaffe. Das Gebet und das Vorlesen stellen also sehr ähnliche Situationen dar, ganz abgesehen davon, daß viele Eltern die Anregungen und Vorlagen für Gebete aus Büchern nehmen, und zwar nicht nur für den Abend, sondern auch für viele andere Situationen.

Christliche Feste wie Weihnachten, Ostern und Pfingsten gehören ebenfalls zu den selbstverständlichen Anlässen zum Vorlesen. Denn die meisten Eltern wollen ihre Kinder mit den dazugehörigen biblischen Geschichten vertraut machen – die es schon für die Allerkleinsten in Bilderbuchform gibt. (Mehr über religiöse Bücher siehe Seite 72f.)

Aber auch Eltern, die ihre Kinder nicht christlich erziehen, nutzen diese Feste für die Lektüre. In der Familie Künzel-Schön beispielsweise wird seit Jahren in der Vorweihnachtszeit «Eine Weihnachtsgeschichte» von Charles Dickens (Dressler) vorgelesen: «Die hat Martin, insbesondere als er acht, neun Jahre alt war, sehr stark beeindruckt. Denn sie enthält eine ganz starke Moral. Die Hauptfigur ist ein alter geiziger Mann, der alles an sich rafft und seine Angestellten ganz hartherzig behandelt. Dann kommen drei Weihnachtsengel, die ihm die Chance bieten, etwas gutzumachen. Und er nimmt die Chance wahr.»

Auch im Bücherhaus Jansen hat man den Dezember schon entsprechend gewürdigt. 24 Tage lang wurde eine der 24 Geschichten aus «Kommt er bald? Eine ungewöhnliche Adventsgeschichte» (Sauerländer) vorgelesen – völlig unspektakulär, mitten im Verkaufsrummel, aber gerade das hat für die Vorleserin Monika Trapp und die großen und kleinen Zuhörer den Reiz ausgemacht. Mit der Weihnachtserzählung aus der Bibel hat das Buch übrigens genausowenig zu tun wie eine Osterhasen-Geschichte. Aber der Bezug zum christlichen Fest besteht.

Kranke Kinder brauchen Bücher

Krankheiten sind eine immer wiederkehrende Gelegenheit zum Vorlesen oder auch Vorsingen. Denn bereits der Aufenthalt im Wartezimmer fordert viel Geduld mit den kleinen Patienten. Die anschließende Behandlung gestaltet sich oft noch schwieriger. «Deshalb singen manche ihren Kindern zum Beispiel beim Blutabnehmen etwas vor», berichtet der Kinderarzt Dr. Paul Volkwein, «das entspannt und beruhigt die Kinder ein bißchen. Ich habe das sogar bei einer computertomographischen Untersuchung erlebt.»

Selbst bei harmloseren Krankheiten ist es nicht immer leicht, die Kinder zu beruhigen. Wie läßt sich zum Beispiel eine Vierjährige dazu bewegen, eine Viertelstunde vor einer Rotlichtlampe zu sitzen? Oder was können Mutter, Vater, Oma oder Opa machen, wenn ein kleines Kind den ganzen Tag im Bett verbringen muß? Oder wenn es gar ins Krankenhaus eingewiesen wird? Vorlesen wirkt hier Wunder. Denn «das Buch dient als Hilfsmittel, Trost zu geben», erklärt Dr. Edith Mundt vom Deutschen Ärztinnenbund, es «ist für das kranke Kind ein Ding, das nicht weh tut, das sich nicht ein- oder aufdrängt, das man sogar beiseite legen kann; es ist oft – zumal bei lesegewohnten Kindern – der erste vertraute Gegenstand in der neuen und befremdlichen Umwelt.» Deshalb hat der Deutsche Ärztinnenbund mit seiner Aktion «Das fröhliche Krankenzimmer» in vielen Kinderkrankenhäusern «Leihbibliotheken» eingerichtet. Das heißt, eine Bibliothekarin fährt mit einem Bücherwagen durch die Stationen und empfiehlt – und verleiht selbstverständlich – Bücher. Falls die Kinder noch nicht selber lesen können, sind die Eltern gefordert – und oft dankbar für die Anregung, denn es ist nicht leicht, ein vielleicht wochenlang im Bett liegendes Kind zu unterhalten.

Engagement ist gefragt

«Als Kristopher ganz klein war und noch zum Spielen bei mir auf dem Schoß gesessen hat, da haben wir Bücher angeschaut. Ich habe dann versucht, die Bildergeschichten zu spielen, also meine Stimme erhoben oder gesenkt, und er hat gejauchzt. Wenn ich das Ganze nur runtergeleiert hätte, wäre es ja klar gewesen, daß das Kind nicht hätte sitzen bleiben wollen», meint Maria Kurku-Sprenger. Auch ältere Kinder lieben es, wenn das Vorgelesene – zumindest die wörtliche Rede – ein bißchen dramatisiert wird. Aber hierbei kann man schnell des Guten zuviel tun. Dann achten die Kinder nicht mehr auf den Inhalt der Geschichte, sondern nur noch darauf, wie vorgelesen wird. Es muß also eine Balance zwischen ruhigem Vortrag und lebhafterem

Die sieben goldenen Regeln des Vorlesens

Als Gedächtnisstütze hier noch einmal eine Zusammenfassung all dessen, was Sie beim Vorlesen beachten sollten:

1. Suchen Sie einen ruhigen, gemütlichen Ort, an dem Sie mit Ihren Kindern auch ein bißchen kuscheln können.
2. Wählen Sie einen günstigen Augenblick zum Vorlesen, also den Abend oder eine Ruhephase. Versuchen Sie, das Lesen zu ritualisieren, am besten vor dem Schlafengehen.
3. Haben Sie Geduld mit Ihren Kindern, d. h., lassen Sie sich von Zwischenfragen nicht stören, sondern nehmen Sie sie als Anregung.
4. Lassen Sie Ihre Kinder die Bücher auswählen, und versuchen Sie, auch wenn Sie ein Buch das dreißigste Mal vorlesen, den Wunsch der kleinen Zuhörer zu akzeptieren.
5. Vermeiden Sie das «Runterleiern», denn Kinder spüren, wenn Sie mit den Gedanken nicht dabei sind.
6. Kaufen Sie nur Bücher, die Ihnen auch gefallen, denn dann macht das Vorlesen Ihnen auch Freude. (Das gilt nicht für Geschenke.)
7. Nehmen Sie sich Zeit für das Danach.

Vorspielen gefunden werden. Die meisten Eltern brauchen sich das gar nicht bewußt zu machen, denn wenn sie genau darauf achten, wie die Kinder sich beim Vorlesen verhalten, ändern sie die Art und Weise ihres Vorlesens, ohne darüber nachzudenken.

Gedanken sollten Sie sich aber auf jeden Fall über etwas anderes machen, nämlich ob Ihnen die vorgelesenen Bücher selber gefallen. Denn wenn die Vortragenden gelangweilt und desinteressiert sind, wird das Vorlesen bald zur Pflichtübung für beide Seiten. Vielleicht dachten Sie bislang, der pädagogisch wertvolle Inhalt der Bücher müsse bei der Auswahl entscheidend sein ... Lernen Sie umdenken! Das Vorlesen muß beiden Spaß machen!

Bernhard Schön und seiner Frau Marianne Künzel-Schön ging es zum Beispiel beim Klassiker «Die rote Zora und ihre Bande» (Sauerländer) so: «Manchmal haben wir uns fast gestritten, wer das nächste Kapitel vorlesen durfte. Und diese Begeisterung hat Martin ganz sicher gespürt.»

Wo Sie Informationen über Kinderbücher bekommen

Die Forderung, daß das Vorlesen allen Beteiligten Spaß machen soll, bereitet vielen Eltern Kopfzerbrechen. Denn es ist gar nicht so einfach, schöne und spannende Kinder- und Jugendbücher zu finden – aber es ist auch nicht schwieriger als bei Erwachsenenliteratur. Denn der Kinder- und Jugendbuchmarkt funktioniert nach denselben Gesetzen wie derjenige für die Bücher der Großen. Es erscheinen nicht nur genauso im Frühjahr und im Herbst die meisten neuen Bücher, diese werden auch genauso regelmäßig in Zeitungen und in Zeitschriften, im Hörfunk und – seltener – im Fernsehen vorgestellt.

Shabnam und André entdecken immer wieder Neues in dem Riesen-Bilderbuch, das ihnen ihr Vater Mehdi erklären soll.

Medienverbundsystem

Es ist das Zauberwort der Medienwissenschaftler: «Medienverbundsystem». Der Begriff meint das Zusammenwirken von allen Medien, also Bücher, Zeitungen, Zeitschriften, Hörfunk und Fernsehen. Denn sie alle hängen voneinander ab, nehmen Bezug aufeinander oder agieren gleich zusammen. Dieses System hat eine große Bedeutung für die Kinder- und Jugendbuchliteratur. Das läßt sich am besten an einigen Beispielen verdeutlichen:

Das Buch «Mary Poppins» (eigentlich vier Bücher, nämlich «Mary Poppins», «Mary Poppins kommt wieder», «Mary Poppins öffnet die Tür», «Mary Poppins im Park», alle Dressler Kinder-Klassiker) wird als Hörfassung mit einleitenden Bemerkungen an fünf Tagen in einer Woche täglich von 19.50 bis 20.00 Uhr in der Sendung *Minimax* des Hessischen Rundfunks vorgestellt.

Der SFB sendet täglich von 18.50 bis 19.00 Uhr in der Sendung *Ohrenbär – Radiogeschichten für kleine Leute* eine Erzählung (die Sendungen laufen ebenfalls im NDR, WDR und MDR). Die Texte erscheinen regelmäßig als Bücher (Carlsen, Ravensburger) und als Kassetten (Patmos).

Helme Heine kreiert ein Trickfilmdorf, das im ZDF über den Bildschirm flimmert, und veröffentlicht gleichzeitig dazu ein Buch über die Bewohner von «Sauerkraut». Die *Sendung mit der Maus* bringt Bücher über ihre Hauptfigur heraus («Die Maus und ihre Freunde» und «Was die Maus alles kann», beide Ravensburger) – und verfilmt Kinderbücher, zum Beispiel «Der kleine Eisbär» (Nord-Süd) und «Baby Dronte» (Wunderlich).

Karin Arzethauser schreibt in einer Rezension in der *Weltwoche* über dieses Phänomen: «Alles wird vertrickst, nix gibt's mehr, was nicht für Zeichentrickfilme geeignet wäre. Ein Klassiker ist ‹Babar› (Diogenes). Vielleicht sollte man deshalb wieder mal zur Buchversion greifen.» Eine Geschichte kann also heute in verschiedenen Medien auftauchen, jeweils in der entsprechenden Fassung. Das erhöht nicht nur die Popularität der jeweiligen Buch-, Radio- und Fernsehfiguren, sondern stellt eine große Chance dar: Denn kaum ein fernsehendes Kind wird nicht nach den Büchern «Sauerkraut» und «Die Maus ...» verlangen, kaum ein Radio hörendes nicht mindestens einer «Ohrenbär»-Geschichte noch einmal lauschen oder «Mary Poppins» auch einmal lesen wollen.

Kinderbuchseiten in Zeitungen

Kinderbuchbesprechungen erscheinen regelmäßig in allen überregionalen Zeitungen. Anna Katharina Ulrich von der *Neuen Zürcher Zeitung* erklärt, welche Funktion die Kinderbuchkritik für sie hat: «Anerkanntes relativieren durch Hinweise auf dessen Grenzen und Suche nach Neuem. Mich interessiert, was sich sperrig ausnimmt in den Buchhandels- und Bibliothekskategorien oder in den Hirnen mancher versierter (Lese-)Pädagogen. Das entspricht, neben meiner persönlichen Neigung, auch der Aufgabe eines literarischen Feuilletons.» Soweit zur «Theorie», die eine der für das Kinderbuch zuständigen Redakteurinnen der *Frankfurter Rundschau*, Martina Kischke, durch einen «praktischen Einblick» ergänzt. Sie betreut die «Kinderbücher, die auch Erwachsenen Spaß machen und die Erwachsene sammeln»: «Einer meiner Lieblinge ist dabei ‹Esterhazy› (Sauerländer) von Irene Dische und Hans Magnus Enzensberger – weil es hinreißende Bilder hat, die auch Erwachsene zum Träumen bringen, weil der Text ironisch und intelligent ist. Zweiter Liebling: ‹Teddy Bär› (Ellert & Richter) von Gustav Severin und Klaus Obermeier – weil hier bärenverliebte Erwachsene ihren Gefühlen freien Lauf gelassen haben. Und das allerschönste Kinderbuch für Erwachsene ist ‹Im Mondlicht wächst das Gras› (Ravensburger) von Ute Andresen und Dieter Wiesmüller – eine Sammlung von Gedichten und Balladen. Kinder haben die Sammlung ausgesucht – und sensible Erwachsene werden in träumerischen Momenten genau nach dieser Sammlung greifen.»

Im Anhang ab S. 162 finden Interessierte eine Zusammenstellung von Zeitungen, die Kinderbücher vorstellen.

Kinderbuchkritik in Hörfunk und Fernsehen

Rezensionen im Radio hören? Das können sich viele fernsehgewohnte Eltern und Kinder nicht vorstellen. Leider, muß man dem hinzufügen, denn es gibt sehr viel mehr Sendungen über Bücher im Hörfunk als im Fernsehen. Es bedarf allerdings auch ein bißchen Mühe, die Sendezeiten herauszufinden, denn die meisten gängigen Programmzeitschriften haben gar keinen Hörfunkteil. Deshalb finden Sie im Anhang ab S. 163 einen Überblick über die Kinderfunksendungen, die sich mit Büchern befassen und zum Teil auch Empfehlungslisten versenden (falls Sie mehr wissen wollen: Eine Postkarte an den Sender, Abt. Öffentlichkeitsarbeit, mit der Bitte um eine Programmübersicht genügt).

Um einmal einen Eindruck zu vermitteln, wofür hier geworben wird: Hörfunk, Hessischer Rundfunk, hr 1, Kinderfunk, *Minimax*: «Mary Poppins ist, das stellt sich schnell heraus, leicht zu beleidigen, sie ist schnippisch und wortkarg; sie ist unendlich eitel und launisch und manchmal einfach zum Fürchten. Aber Jane und Michael wünschen schon am ersten Abend, daß sie nie, nie wieder weggeht, und wer die Geschichten von Mary Poppins und den Bankskindern liest, der kann Jane und Michael gut verstehen: Sie gehen nachts in den Zoo und verstehen plötzlich die Sprache der Tiere; sie reisen mit Mary Poppins im Park rund um die ganze Welt. Wo Mary ist, da werden die Figuren aus den Büchern lebendig und zu Spielgefährten der Kinder, und nicht einmal die schlechte Laune ist einfach schlecht: Mit Mary ist jeder Tag eine wunderbare Geschichte (Manuskript Bettina Hindemith).» – Wer kann sich da noch entziehen?

Daneben sind selbstverständlich auch die entsprechenden Fernsehsendungen aufgeführt, die leider in den letzten Jahren eine nach der anderen eingestellt wurden. Rühmliche Ausnahme im deutschen Programm ist: *Fortsetzung folgt nicht*, eine Sendung (Coproduktion von BR, ORF und SRG, genaue Sendedaten im Anhang S. 150), die Geschichten nur bis zu einem spannenden Punkt erzählt und dann auf das Buch verweist.

Fachzeitschriften nicht nur für Insider

Es gibt eine ganze Reihe von Kinder- und Jugendbuchzeitschriften, die nicht nur für Insider, sondern auch für Eltern interessant sind. Die meisten verschicken kostenlose Probeexemplare und bieten verbilligte Probeabonnements sowie günstige Jahresabonnements an. Sie können direkt vom Verlag oder über den Buchhandel bezogen werden bzw. liegen dort z. T. kostenlos aus.

Die meisten der im Anhang (ab S. 166) aufgeführten Zeitschriften haben eine ähnliche Sichtweise auf die Kinder- und Jugendliteratur. Dazu gehört vor allem, die Bücher nur als eines von vielen Medien zu betrachten, «denn das Medienumfeld der Kinder sieht heute anders aus als vor 30 Jahren», erklärt der Rüsselsheimer Buchhändler Hans J. Jansen. Die Kinder gehen ganz selbstverständlich mit Comics, CDs,

Kassetten und Videos um, und schon jetzt gebe es die ersten Bücher auf Disketten. Das alles müsse in einem Kinder- und Jugendbuchmagazin enthalten sein. Hans J. Jansen, der die seit Herbst 1993 erscheinende Zeitschrift *Hits für Kids* (s. S. 171) redaktionell betreut, gibt allerdings eines zu bedenken: «Ich bin jemand, der die schnelle Entwicklung auf dem literarischen Sektor etwas mitbremsen möchte. Es gibt zweimal im Jahr Neuerscheinungen, die die Bücher, die vor kurzem erschienen sind, wieder überdecken. Deshalb ist es meine Intention, bewußt auf Backlist-Titel einzugehen, um sie wieder ins Bewußtsein zu bringen. Denn es ist ein Unding, daß sich literarische Titel – und da unterscheidet sich der Kinder- und Jugendbuchmarkt überhaupt nicht vom Erwachsenenmarkt –, nicht entwickeln können, weil die Zahl der Neuerscheinungen so groß ist und deshalb so viele Titel aus dem Kopf verschwinden.»

Hier, in einer Vorklasse, ist es noch ein Spiel. Später eröffnet das Lesen den Zugang zu einer Flut von Informationen.

Hits für Kids bringt, wie die meisten Kinder- und Jugendbuchzeitschriften, themenbezogene Artikel, die auch ältere Titel vorstellen. Bei den Illustrationen ist man sich nicht so einig. Während zum Beispiel für Hans J. Jansen der Kanon der klassischen bildenden Kunst richtungweisend ist, sind andere Zeitschriften eher offen für die neuere Kinder- und Jugendbuchillustration, zu der vor allem Comics gehören. Etwas aus dem Rahmen fällt Hans J. Jansens Motto, das vor allem den unterhaltenden Aspekt seiner Zeitschrift betont: «So wie die *Brigitte* Mode transportiert, so möchte ich mit meinem Magazin Kinder- und Jugendmedien populär machen.»

Empfehlungslisten und Auszeichnungen

Einige Institutionen und Redaktionen geben regelmäßig Empfehlungslisten heraus bzw. zeichnen einzelne Bücher aus. Da über sie nicht, wie zum Beispiel über die «SWF-Bestenliste» oder die «SZ-Bestenliste» (für Erwachsenenliteratur), in den Zeitungen berichtet wird, wissen oft nur die Insider und Leser von Fachzeitschriften aus dem Bereich Kinder- und Jugendbuchliteratur davon. Als Beispiel seien hier die zahlreichen themenbezogenen Listen der Stiftung Lesen genannt (ausführlich siehe S. 154ff), die zum Beispiel neue Mädchenbücher, Erstlesebücher und Krimis vorstellen, sowie die Broschüre «Kinder- und Jugendzeitschriften» des Deutschen Jugendschriftenwerkes (ausführlich siehe S. 125). Diese und auch die anderen der in Anhang IV aufgeführten Listen und Einzelempfehlungen können Sie sich aber – mit ein klein bißchen Mühe – beschaffen, so daß Sie ebenfalls von dem Wissen der Fachleute profitieren.

Literaturpreise für Kinder- und Jugendbücher

Im Gegensatz zu den Empfehlungslisten und Auszeichnungen berichten die Zeitungen regelmäßig über Literaturpreise, oft aber nur in Form kleiner Meldungen. Deshalb erfährt man meist nicht, warum bzw. wofür die Preise vergeben werden und wie die Jury zusammengesetzt ist (nämlich gar nicht so selten mit Kindern und Jugendlichen). Denn dafür ist in den Randspalten der Feuilletons oft kein Platz. Die Zusammenstellung in Anhang V liefert die fehlenden Informationen über Preise im deutschsprachigen Raum.

Wer noch mehr wissen will ...

... über Institutionen, Personen und Preise aus dem Bereich Kinder- und Jugendbuch, der kann sich das «Blaubuch. Adressen und Register für die deutschsprachige Kinder- und Jugendliteratur» schicken lassen, und zwar vom Arbeitskreis für Jugendliteratur e. V., Schlörstraße 10, 80634 München (DM 25,– plus Porto/Versand). Oder den jährlichen Almanach der Kinder- und Jugendliteratur «lieber lesen» (Neuer Finken Verlag) kaufen und darin Wissenswertes über Autoren und Institutionen, Ausstellungen, Themen und Tendenzen, Preise und Neuerscheinungen nachlesen. Oder «Buch und Lesen in Kindheit und Jugend. Ein kommentiertes Auswahlverzeichnis von Literatur und Modellen zur Leseförderung» von der Stiftung Lesen (Beltz) in der Buchhandlung bestellen (DM 29,80) und sich damit über Projekte, Literatur und weitere Quellen informieren.

Kapitel 4

Die Kinder bestimmen die Lektüre

«Ich möchte ein Buch über dies oder das haben», das sagt Malte noch nicht, erzählt Paul Volkwein über seinen Sohn, «aber es würde mich auch überraschen, wenn ein Dreieinhalbjähriger das so klar formuliert.» Bis Maltes Eltern konkrete Wünsche von ihm hören werden, müssen erst noch ein paar Jahre vergehen.

Dennoch können und wollen auch schon Kinder in Maltes Alter ihre Lektüre selber bestimmen, das läßt sich vor allem daran beobachten, daß die meisten irgendein Buch ihr Lieblingsbuch nennen. Das kann von Tag zu Tag ein anderes oder ein halbes Jahr lang dasselbe Buch sein – auf jeden Fall gibt es immer einen Titel, der sie besonders anspricht. Eltern haben zwei Möglichkeiten, ihre Kinder Lieblingsbücher finden zu lassen: Entweder sie bieten den Kleinen eine breite Auswahl von Büchern an oder sie achten genau darauf, was ihre Kinder beschäftigt – das können Probleme, Interessen oder Erlebnisse sein. Die wirkungsvollste Leseförderung arbeitet mit beiden Methoden. Denn genauso wie Bücher bei der Verarbeitung von Problemen und Erlebnissen helfen, können sie Interessen begründen. Kinderbücher leisten also im positiv verstandenen Sinne Lebenshilfe, sie bieten Kindern Identifikations- und damit Verarbeitungsmöglichkeiten, sie erleichtern es Eltern, ihren Kindern beim Umgang mit Problemen zu helfen.

Vielen Müttern und Vätern fällt es allerdings schwer, sich im Buchladen oder in der Bibliothek für das eine oder andere Buch zu entscheiden, da ihnen Auswahlkriterien fehlen und da «sie in den Büchern Spuren der Erinnerung an die eigene (verlorene) Kindheit suchen, sie mit Projektionen und Wünschen auf die eigenen Kinder betrachten und Ängste entwickeln, wenn diese Bücher ernste und schwierige Themen ansprechen», schreibt Jens Thiele in einer Untersuchung über neue Bilderbücher. Gut ist demnach nicht, was früher gefallen hat, sondern was dem heutigen Kindsein entspricht. Doch was ist das?

Auch dieses Buch kann keinen gültigen Kriterienkatalog liefern, es kann nur an Beispielen zeigen, warum Kinder sich von ganz bestimmten Büchern angesprochen fühlen und warum diese Titel den vorlesenden Erwachsenen eventuell auch gefallen. Deshalb wurden Buchhändlerinnen und Redakteurinnen um Rat gebeten und Eltern befragt, und zwar nach ihren Lieblingsbüchern und nach denjenigen ihrer Kinder. Die Tips sind also nicht repräsentativ und bieten keinen Kanon von unbedingt zu lesender Literatur.

Die Bücher richten sich mit Ausnahme derjenigen, die mit einer Altersangabe versehen wurden, an drei- bis sechs- oder siebenjährige Jungen und Mädchen. Hinweise auf aktuelle Neuerscheinungen, die den Befragten noch gar nicht vorliegen konnten, auf alters- oder themenbezogene Empfehlungsbroschüren wurden den Tips hinzugefügt.

Eltern und Fachleute empfehlen

«Meine Themen sind elementar», sagt Helme Heine, und grundlegende Dinge sind es ja auch, die Kinder faszinieren und die sie lernen müssen. Sie suchen das Elementare in den Texten (die in den ersten Jahren sehr kurz sein können), und sie suchen es in den Bildern. Damit die Kleinen die Illustrationen verstehen, muß das, was gesagt werden soll, in vereinfachter (symbolhafter) Form dargestellt werden.

Kinder wollen also sich und ihre Wünsche oder Probleme in den Büchern wiederfinden – deshalb geht es in den ersten Jahren meistens um das Familienleben. Ob das auf Papier, Pappe, Holz, Stoff oder Plastik geschieht, ist ihnen hierbei vollständig gleichgültig. Sie sollten allerdings schon darauf achten, daß die Bücher für die ganz Kleinen nicht aus dünnen Papierseiten bestehen.

Sarah ist erst 4 Monate alt. Sie kann die Abbildungen wahrscheinlich noch nicht als Gegenstände erkennen, aber für einen kurzen Moment blickt sie schon in das Buch und nimmt die Farben wahr (oben). Bilderbücher mit Fenstern oder Türen, durch die man auf die nächsten Seiten blickt, sind bei vielen kleinen Kindern beliebt (Mitte). Leonie hat eine 4 Monate alte Schwester. Während die Mutter das Baby stillt, hat Leonie ihre Haselmaus gewickelt. Jetzt zeigt sie ihr ihre alten Bilderbücher.

Papp- und Stoffbücher

Heile Stoffwelt liefert Lucy Cousins mit «Teddy im Haus» und «Drachen im Park» (Sauerländer) schon den Halbjährigen. Mit den Zieh-Klappbüchern (aus Pappe) über «Mausi» (Sauerländer) von derselben Autorin können die etwas größer Gewordenen schlafen, schwimmen, spielen, hören, sehen und in den Kindergarten gehen. Der Rüsselsheimer Buchhändler Hans J. Jansen landet damit immer einen Treffer.

Ein kleiner Spruch mit Bildern aus dem Leben einer Maus war der «Anfangsrenner» in der Familie Weidenbach: «Mi-Ma-Mäuschen» (Ellermann), «bleib in deinem Häuschen, um das Häuschen dideldum, schleicht ein Kater rundherum ...» Die Zwillinge Karolin und Laura holen das Buch mit ihren vier Jahren immer noch oft heraus.

Helmut Spanner hat eine Reihe («Ich bin ...») konzipiert, von denen sehr viele Kinder mindestens ein Buch besitzen und die die Buchhändlerin Gabriele Hoffmann (Heidelberg/Mannheim) besonders gern empfiehlt, allen voran «Ich bin die kleine Katze» (Ravensburger): Auf großen zweiseitigen Bildern wird einfühlsam das Leben einer Katze erzählt. Der kurze Text in «Ich-Form» lädt zur Identifikation mit dem kleinen Wesen ein. Helmut Spanner hat auch Tiere für die Allerkleinsten gemalt. So geben im Klappbilderbuch «Miau Miau» (Ravensburger) zwölf Tiere auf jeweils einer Seite ihre Laute von sich, also «wau wau, oink oink, fiep fiep, meck meck» usw.

Die Tierstimmen stehen auch im Mittelpunkt von «Der Hühnerhof» (Middelhauve). Der Text ist ein Lied, das von den Kindern an bestimmten Stellen verlangt, einen Hahn, eine Ente, eine Katze, einen Hund, ein Schwein und einen Goldfisch nachzuahmen. Andrea Stephans Kinder sind begeistert von diesem Büchlein, das von dem Liedermacher Fredrik Vahle getextet und von Helme Heine illustriert wurde.

An die allerersten Jahre mit ihrer inzwischen zehnjährigen Tochter erinnert sich Barbara Hindemith, wenn sie Bücher von Barbro Lindgren-Enskog und Eva Eriksson in die Finger bekommt, «Max und die Wanne» oder «Max und die Lampe» (Oetinger) zum Beispiel, denn «der kleine Held Max ist kein schönes, liebes oder niedliches Kind, sondern er hat eine rote, spitze Nase und drei Haare auf dem Kopf. Die Botschaft der Texte ist sehr tröstlich für Eltern. Sie heißt: Mit kleinen Kindern ist es halt chaotisch.»

«Autos, Bagger und Traktoren» (Ravensburger) begeistern den inzwischen dreijährigen Malte Volkwein schon eine ganze Weile. Und in «An der Tankstelle» (Ravensburger) aus derselben Reihe hat er immer wieder die Details gesucht, die auf den Doppelseiten unten abgebildet sind: «‹Wo ist die Gießkanne? Und wo der Wischlappen für das Auto?›, das wollte er alles ganz genau wissen», erzählt seine Mutter.

Die zweijährige Paula Roth war vor kurzem mit ihren Eltern am Meer. Daran kann sie sich vor allem dann erinnern, wenn sie «Wir fahren an die See» (Ravensburger) betrachtet. Denn die zweiseitigen Situationsdarstellungen stellen genau das dar, was Kinder am Wasser tun: Spielen, Planschen, «Promenieren», Schiffahren.

Noch mehr angesprochen fühlt sich Paula von dem Buch «Ein Baby für Klara» (Ravensburger), das sie zur Geburt ihrer Schwester Merle vor einem halben Jahr bekommen hat. Bei diesem Buch lauscht sie der durchgehenden Geschichte.

Erste Papierbücher

Ob schon mit zwei Jahren oder erst ein bißchen später, irgendwann brauchen die Bücher nicht mehr aus Pappseiten zu bestehen. Dann dürfen sie mehr Seiten und eine Geschichte, aber immer noch nicht viel Text enthalten. Die Illustrationsweise wird abwechslungsreicher.

Im Mittelpunkt des kindlichen Interesses stehen immer noch Mama, Papa, Oma, Opa, die Geschwister und der Hund, aber es gesellen sich jetzt allmählich Freunde dazu.

Mit «Klopf an!» (Hanser) lädt das gleichnamige Buch zum Aufblättern ein. Hinter jeder Tür des Wohnhauses, ob blau, rot, grün, gelb oder weiß, verbirgt sich eine Szene: Familie Kaninchen futtert, Familie Affe schmeißt mit Kissen, ein Mensch gießt seine Blume usw. Das Buch ist für Zweijährige, die schon sorgsam mit Papier umgehen können.

Karin Osenbrügge-Küster hält zwei zerfledderte, vielgelesene Taschenbücher in den Händen: «Weißnäschen. Geschichten ab 3» (es gibt noch drei weitere Weißnäschen-Bände für Fünf- und Sechsjährige, alle rororo rotfuchs) und «Bobo Siebenschläfer. Geschichten für ganz Kleine» (rororo rotfuchs): «Also mit dem einen haben wir bei Lea und mit dem anderen bei Anne angefangen, Geschichten zu erzählen. Weißnäschen ist ein Katzenkind und erlebt Dinge, die absolut identisch mit dem Kinderleben sind. Es zeigt zum Beispiel, wie Kinder sich zanken oder wie sie mal aus Versehen auf den Teppich pinkeln. Und bei Bobo Siebenschläfer hat Lea oft gesagt: ‹Oh, guck mal! Ich komm auch noch nicht an die Tür ran, genauso wie Bobo. Der ist genauso klein wie ich.› Beide Kinder haben sich mit Weißnäschen bzw. Bobo identifiziert. Das hat mir geholfen, ihnen Sachen zu erklären oder auch Lösungsmöglichkeiten für Probleme zu finden.»

Zum Kreis der Familie gehören schon für die Zwei- bis Dreijährigen Freunde. Und genau mit diesem Titel «Freunde» (Middelhauve) hat sich Helme Heine in die Kinderherzen hineingemalt und -geschrieben. Im Interview auf den Seiten 9 bis 11 erklärt er sein Anliegen: Er will zeigen, daß drei zusammen mehr vermögen als einer alleine. Und daß auch drei miteinander Probleme haben können. Kaum eine der befragten Familien hat dieses Buch nicht zu Hause.

Eine ähnliche Thematik, nämlich «Solidarität», hat «Swimmy» (Middelhauve) zum Lieblingsbuch der Erzieherin Maria Kurku-Sprenger werden lassen. Sie liest es ihren Kindergartenkindern deshalb besonders gern vor, weil «es hier ein kleiner Fisch schafft, andere Fische zusammenzuhalten, so daß sie solidarisch gegen einen gefährlichen Großen sind.» – «Swimmy», illustriert von Leo Leonni, zählt übrigens zu den modernen Klassikern.

Vom Wachsen und Vergehen

Ganz allmählich beginnen Kinder sich auch für die Welt außerhalb des Hauses zu interessieren, auch wenn die zunächst vielleicht «nur» aus dem Garten besteht.

Als Lea (4) und Anne Küster (8) noch etwas kleiner waren, da mochten sie zwei Bücher besonders gern, nämlich «Die kleine Raupe Nimmersatt» (Gerstenberg) und «Nur ein kleines Samenkorn» (Gerstenberg), beide von Eric Carle. «Absolut obersüß» findet auch ihre Mutter die kleine Raupe, die sich durch einen Apfel, zwei Birnen, drei Pflaumen, vier Erdbeeren und fünf Apfelsinen frißt, bevor sie sich verpuppt und sich am Schluß in einen wunderschönen Schmetterling verwandelt. Beim kleinen Samenkorn hat die Kinder fasziniert, «daß dort etwas wächst, was sie jeden Tag sehen und anfassen können, nämlich eine Blume».

Auch eine Blume steht im Mittelpunkt von «Der kleine Gärtner»

(Nord-Süd), das Paul Volkwein seinem dreijährigen Sohn besonders gern vorliest. Es geht um ein kleines Gänseblümchen, das größenwahnsinnig wird und im Nachbargarten mit den Rosen, dem Rittersporn, den Lilien und Nelken leben will. Dort angelangt, landet es als Unkraut auf dem Komposthaufen, von dem ein Vogel es rettet.

Schöne Kinderwelt

«‹Kindertag in Bullerbü›, ‹Lotta kann radfahren›, ‹Die Kinder von Bullerbü› und ‹Michel aus Lönneberga› (alle Oetinger) sind Bücher, die ich meinen Kindern (Lea, 4, und Anne, 8) immer wieder gerne vorlese», meint Karin Osenbrügge-Küster. «Astrid Lindgren schildert hier eine wunderschöne Kinderwelt, eine Welt, wie ich sie meinen Kinder auch wünschen würde. Anne hat inzwischen alle Bücher von Astrid Lindgren, auch diejenigen für die Älteren.»

Genau solch ein Plädoyer hält Maria Kurku-Sprenger für Maria

Sieh mal, Janosch! So spielt Julius mit seinem Lieblingsbuch von «Kasper Mütze», was sagst du dazu?

Mebs, denn «die Kinder reagieren sehr stark auf ihre Bücher, besonders auf «Oma, schreit der Frieder» (Sauerländer, ab 6). Ich denke, daß viele Kinder sich Mamas wünschen, die so sind wie die Oma vom Frieder. Die ist natürlich, flippt auch mal aus, aber versucht vor allem, auf den Frieder einzugehen.»

Auch in «Die gesammelten Abenteuer von Peter Hase» (Diogenes) geht es ums Kinderleben, das erkennt man sofort, aber die Autorin hat Tierfiguren als Protagonisten gewählt – «Tierfiguren, die so lebendig gezeichnet sind, daß sie einem entgegenspringen, wenn man in das Buch schaut», schwärmt Bettina Hindemith, «man ist davon als Erwachsener mindestens ebenso begeistert wie die Kleinen.» Gemeint sind Peter Hase, Benjamin Kaninchen, Flopsi Kaninchen und Herr Gebissig, erfunden und gemalt von Beatrix Potter, die dafür nicht nur in England berühmt geworden ist.

Schreckliche Bilder

Kinder haben ein Bedürfnis nach «schrecklichen Bildern», das stellen Eltern immer wieder verwundert fest. Die Illustrationen dürfen allerdings, und das unterscheidet die kleinen von den großen Betrachtern, nicht zu realitätsgetreu sein, d. h., Kinder wollen keine Fotos von Ermordeten sehen, sondern Bilder, die ihre Ängste und Phantasien ausdrücken.

Die zweijährige Paula Roth holt den Kinderbuchklassiker «Wo die wilden Kerle wohnen» (Diogenes) immer wieder zum Vorlesen, oder genauer: «Den Text will sie gar nicht hören», erklärt ihre Mutter, «sie ist vollkommen von den Bildern in Anspruch genommen.» Das Buch schildert die Geschichte eines kleinen Jungen, der nachts von den wilden Kerlen mit fürchterlichem Brüllen, fürchterlichen Zähnen, fürchterlichen Augen und fürchterlichen Krallen träumt. Paula Roth verarbeitet so ihre Angst vor nächtlichen bedrohlichen Phantasien.

Andrea Stephan findet das Buch «Die zehn frechen Mäuse» (Middelhauve) «ganz brutal. Da sind zehn Mäuse und eine fällt vom Hochhaus, eine wird überfahren, eine verbrennt, eine wird weggesaugt usw. Aber meine Tochter findet das Buch toll. Sie hat sich schon immer für den Tod und für Friedhöfe interessiert.» An diesem Beispiel sieht man, daß Kinder andere Kriterien haben als Erwachsene. Schreckliche Bilder können sie genauso ansprechen wie schöne. Wobei die

Mäuse des Helme Heine wie die fürchterlichen Kerle von Maurice Sendak nicht häßlich, sondern «schön-schrecklich» sind. Schrecklich darf nicht mit häßlich gleichgesetzt werden.

Ähnlich «schrecklich» und ein bißchen peinlich finden viele Erwachsene ein Buch, das kleine Kinder lieben, weil es sie sehr beschäftigt: «Vom kleinen Maulwurf, der wissen wollte, wer ihm auf den Kopf gemacht hat» (Peter Hammer Verlag). Darin geht es genau um das, was die Großen gerne verschweigen, nämlich um «Kaka, Aa, Würste, Knöllchen usw.» Oskar Mahlberg wollte wochenlang nichts anderes hören ...

Gemeinsam und alleine singen

Begleiter für die gesamte Kinderzeit sind Liederbücher, und fast jede Familie hat ihr «Hausbuch». Meistens werden sie von den Eltern schon gekauft, wenn die Kleinen gerade auf die Welt gekommen sind. Denn die wenigsten Mütter und Väter kennen die Texte der Lieder noch, die sie ihren Kleinen vorsingen wollen.

Oskar Mahlberg hat bereits mit einem Jahr ein Liederbuch zu seinem Lieblingsbuch gemacht. Denn jedes Lied von «Freche Lieder – liebe Lieder» (Beltz & Gelberg) ist von Rotraut Susanne Berner mit einer witzigen, farbenfrohen Zeichnung versehen worden, anhand derer sich der kleine Buchbesitzer die Lieder aussuchen konnte, die er hören wollte. Zu den «lieben Liedern» zählen übrigens diejenigen für «kleine Kinder, an die sich viele Eltern aus ihrer eigenen Kindheit noch erinnern», so der Herausgeber; die «frechen Lieder» sind Unsinnslieder und auch kritische Songs, wie zum Beispiel «Sag mir, wo die Blumen sind».

Martin Schön hat sich regelmäßig aus dem «Großen Liederbuch» (Diogenes) vorsingen lassen. Hierin sind Volks- und Kinderlieder versammelt und mit den leicht ironischen – oft ganzseitigen – Illustrationen des Tomi Ungerer versehen worden. Die Kapitel umfassen Lieder zu den Jahres- und Tageszeiten, zu Weihnachten, zu Handwerk und Arbeit, zum Wandern und Jagen, zu Tanz, Spiel und Liebe. Der Band ist inzwischen ein Klassiker.

Till und Lea Stephan sind begeistert von der «Großen Liederfibel» (Patmos): Denn bei «jedem Lied stehen die Noten noch einmal als Bilder, auch die Tonhöhen und die Länge», erklärt ihre Mutter.

«Außerdem sind alle Strophen, also nicht nur die erste, illustriert. Lea kannte sehr schnell die Reihenfolge der Lieder und hat sie allein gesungen.»

Ein erstes Lexikon

Seit einigen Jahren gibt es hervorragende Sachbücher und auch Lexika für Kinder. Sie sind reich bebildert und beantworten die vielen, sich auf alle Bereiche erstreckenden und zum Teil sehr komplizierten Kinderfragen, auf die Eltern keine Antwort haben. Sind die Kleinen dann acht oder neun Jahre alt, können sie die Texte selber lesen. Die Sachbücher und Kinderlexika wachsen also mit.

Der Buchhändler Hans J. Jansen antwortet, nach einer Lexikon-

Gute Sachbücher wachsen einige Jahre lang mit: Zuerst werden die Bilder angeschaut, später können die Kleinen die Texte selber lesen.

empfehlung gefragt: «Es gibt ein Kinderlexikon in vier Bänden – ‹Das große Ravensburger Lexikon› –, zu dem ich nur sagen kann: Diese Bücher öffnen wirklich die Tür zur Welt.» Die Buchhändlerin Gabriele Hoffmann rät ihren Kunden zu einem ähnlichen Werk, nämlich zu «Herders Großem Bilderlexikon», über das sie in ihrem Buch «Die besten Bücher für Ihr Kind» schreibt: «Weil es alle für Kinder faszinierenden Themen in Form von Bildern anbietet, gehört es in jedes Kinderzimmer.»

Noch mehr Lexika und zahlreiche Titel über Natur(wissenschaften), Geschichte und Kultur stellt die Broschüre «Sachbücher für Kinder» der Deutschen Akademie für Kinder- und Jugendliteratur mit Kurzhinweisen vor. Bezugsadresse: Buchhändler-Vereinigung, Großer Hirschgraben 17–21, 60311 Frankfurt (DM 1,20 plus Porto/Mehrwertsteuer).

Auch Kinder haben Probleme

Ärger mit Freunden, die Ankunft eines Geschwisterkindes, Krankheit und Tod – die Liste der Probleme eines Kinderlebens ließe sich beliebig verlängern. Bücher können bei der Bewältigung eine große Hilfe sein, denn auch wenn die Kleinen noch nicht in der Lage sind, ihre Schwierigkeiten klar auszudrücken: Sie können sich auf jeden Fall mit einer Bilderbuchfigur identifizieren und beim Sprechen über diese ihr Problem verarbeiten. Auf den nächsten Seiten finden Sie Tips für solche (Problem-)Bücher, die bei allen Kindern irgendwann «dran» sind.

«Ich bin Ich»

Ich-Findung und die Ausbildung eines Selbstbewußtseins sind wichtige Schritte im Leben eines Kindes. Insbesondere ein starkes Selbstwertgefühl ist nicht nur für die ganz normale Entwicklung notwendig, sondern stellt das beste Mittel bei der Drogenprävention dar (an die Eltern heute nicht früh genug denken können). Bilderbuchfiguren, mit denen sich die Kinder identifizieren können, unterstützen sie hierbei.

«Mit diesem Buch können auch Erwachsene etwas anfangen», erzählt Andrea Stephan, «denn auch den Großen mangelt es oft an

Selbstbewußtsein.» Sie spricht von «Das kleine Ich bin Ich» (Jungbrunnen), der Geschichte eines Bilderbuchtierchens, das zahlreiche andere Tiere nach seinem Namen fragt, denn es hat keinen. Wegen seiner Unwissenheit wird es von den anderen als dumm abqualifiziert. Am Ende des Buches sagt es sich: «Ich bin Ich» und begegnet allen Befragten mit einem neuen Selbstbewußtsein.

Gar nicht zufrieden mit sich ist auch die kleine Hexe in «Irma hat so große Füße» (Sauerländer), denn die anderen Hexen verspotten sie wegen ihrer «Quadratlatschen» und «Riesenflossen». Ihre kleine Menschenfreundin Lore kann sie gut verstehen, denn sie wird wegen ihrer großen Ohren ausgelacht. Am Ende hat Irma bunte Füße und Lore kann fliegen. Karin Osenbrügge-Küster hat das Buch schon viele Male an Freunde ihrer Kinder verschenkt.

«Wie siehst du denn wieder aus!» (Annette Betz) bekommt der Bilderbuch-Hermann ständig von seiner Mutter zu hören. Und genau wegen dieser Darstellung der unnötig kritischen Mutter liebt die Mutter Andrea Stephan das Buch, in dem Hermann mit zahlreichen Frisuren versucht, Wohlgefallen zu erzeugen. Am Ende fürchtet seine Mutter, daß er – der kurz zuvor Blumen auf dem Kopf hatte – unter den Blumen im Garten versunken ist.

«Als Kristopher mit vier in den Kindergarten kam, war dort eine Gruppe von Jungen, die sich sehr gemein ihm gegenüber verhielt. Da hat ihm ‹Wie man einen Dino besiegt› (Carlsen) sehr gut getan. Eines Tages erzählte er: ‹Mama, heute war ich wie Bronto, ich war viel schlauer als die anderen. Ich hab nicht gehauen, aber ich habe sie geärgert.›»

Eher zuviel Selbstbewußtsein und damit eine gewisse Überheblichkeit habe ein kleiner Frosch in «Valentino Frosch und das himbeerrote Cabrio» (Nord-Süd) von seinen Eltern vermittelt bekommen, erzählt Maria Kurku-Sprenger, denn er denke, er sei ein Prinz. Das Buch zeigt, welche Konsequenzen eine solche Einstellung für ein Kind haben kann.

«Das Buch war lange vergriffen», berichtet Andrea Stephan, «dann haben sich eine Reihe von Eltern dafür eingesetzt, und der Verlag hat es wieder gedruckt.» Es geht um: «Wie Tine ihre Eltern bekam» (Ravensburger), das all die ersten Kinderfragen zum Thema Adoption in Form einer einfühlsamen Geschichte beantwortet. Also: Warum bin ich nicht in deinem Bauch gewachsen? Habt ihr mich auch im Krankenhaus ausgesucht? Wo ist meine richtige Mama?

Mit einem Buch kann man in die Gedanken und die Gefühlswelt anderer Menschen eintauchen oder auf sich selbst mit fremden Augen blicken.

«Nein, ich will noch nicht ins Bett!»

Wer das Problem beim abendlichen Einschlaftheater hat, ist nicht ganz klar: Sind es die Eltern, die für Nachtruhe sorgen müssen, oder die Kinder, die noch spielen, fernsehen, essen usw. wollen? Insbesondere zwei Bücher zum Thema haben den befragten Eltern und ihren Kindern großen Spaß bereitet:

Brigitta Weidenbach nennt «Nein, ich will noch nicht ins Bett!» (Oetinger) von Astrid Lindgren ihr Lieblingsbuch, das auch bei ihren Zwillingen Karolin und Laura «öfters drankommt. Da ist beschrieben, wie verschiedene Tiere ins Bett gehen», was die Hauptfigur, der kleine Lasse, durch die Wunderbrille seiner Tante Lotte sehen kann.

Kennengelernt hat die fünfjährige Lea Stephan das Buch «Laura kann nicht schlafen» (Wolfgang Mann) in der Bücherei. Doch sie wollte es auch nach der vierwöchigen Ausleihfrist noch hören, und so hat ihre Mutter es ihr dann gekauft. Die Geschichte dreht sich um ein kleines Mädchen, das nicht einschlafen kann, und das sich, nachdem der Vater auf dem Sofa eingeschlummert ist, allein auf den Weg durch die Stadt macht – und feststellt, daß allein alles langweilig ist. Das Buch nimmt Kindern die Angst, etwas zu verpassen, wenn sie schlafen.

Gute Besserung

Die vierjährige Laura muß ins Krankenhaus. Deshalb haben ihr ihre Eltern ein Buch darüber gekauft, das «Ankebuch», das natürlich nicht so heißt, aber die ganze Familie spricht so davon (eigentlich ist es «Komm mit mir ins Krankenhaus» [Herder] betitelt). Es zeigt mit großen farbigen Fotos, wie ein Mädchen am Blinddarm operiert wird und wie es kurz vor der Entlassung mit dem Bruder einen Streifzug durch das Krankenhaus unternimmt.

Auch der dreijährige Sohn des Kinderarztes Paul Volkwein beschäftigt sich mit dem Thema Krankheit, wenn auch mehr aus Interesse am Beruf seines Vaters. «‹Gute Besserung› (Ravensburger) ist ganz aktuell bei ihm. Es besteht nur aus Bildern ohne Text und erzählt die Geschichte eines Mädchens, das zum Arzt geht. Als es nach der Behandlung aus der Praxis kommt, sieht es, wie ein Freund einen Fahrradunfall hat und für einige Tage ins Krankenhaus muß», erzählt Paul Volkwein. «Das Buch liegt übrigens in mehreren Exemplaren in meiner Praxis.»

Gesundheitsvorsorge betreibt das Bilderbuch «Neues von der Milchzahnstraße» (Neugebauer). Es ist «allen Kindern gewidmet, die gar nicht recht wissen, warum sie eigentlich täglich ihre Zähne putzen sollen, und all den Erwachsenen, die sich beim Zähneputzen langweilen, weil sie sich nicht mehr vorstellen können, was in ihrem Mund alles passiert». Wer Hacky und Dicky kennengelernt hat – die es sich in den Milchzähnen eines Kindermundes bequem gemacht haben und sich über die vielen ankommenden Süßigkeiten freuen –, der greift freiwillig zur Zahnbürste.

«Mama, was ist Aids?» (Donna Vita Verlag, Berlin) fragt die kleine

Karin ihre Mutter, als die anderen Kinder im Kindergarten nichts mehr mit ihr zu tun haben wollen. Der Grund: Karin hat mit Nikolas gespielt, der Aids hat. Die Autorin, eine Medizinerin, beantwortet in ihrem Bilderbuch (mit Erklärungsteil) alle Fragen von Kindern und Erwachsenen zum Thema Aids. «Einfühlsam und ohne auf die Tränendrüsen zu drücken», wie Karin Arzethauser in der *Weltwoche* schreibt, widmet sich auch ein Buch für etwas ältere Leser diesem Tabuthema: «Drachen in der Nacht» (Ravensburger), das erzählt, wie ein Jugendlicher stirbt, während die Eltern dem kleineren Bruder gegenüber immer noch um die Krankheit herumreden (ab 10).

Vor einigen Jahren erschienen zwei Titel, die allen Eltern krebskranker Kinder empfohlen werden können. Eines heißt «Mein Name ist Jason Gaes. Ich bin acht Jahre. Ich hatte Krebs» (Carlsen). Mit Kinderbildern und Text von einem betroffenen Jungen ist es nicht nur beeindruckend, sondern kann krebskranken Kindern das Gefühl vermitteln: So schlimm ist es doch nicht, wenn Jason es überlebt hat. Kinder zwischen 11 und 18 Jahren haben für «Tränen im Regenbogen» (Attempto) Texte verfaßt. Sie alle waren Patienten der Kinderklinik Tübingen. Einige schreiben über ihre Krankheit, andere erfinden Phantastisches. Alle wollen Betroffenen Mut machen. Die Texte berühren um so mehr, wenn man weiß, daß einige der kleinen Autoren schon nicht mehr leben.

Der Deutsche Ärztinnenbund gibt eine (regelmäßig aktualisierte) «Buchempfehlungsliste für Kinder im Krankenhaus» heraus, die auf die Aktion «Das fröhliche Krankenzimmer» (s. auch S. 52) zurückgeht. Die Liste enthält u. a. Bücher zum Thema Krankheit, die mit der «Silbernen Feder» (s. Anhang, S. 179) ausgezeichnet worden sind.

Das Märchen vom Storch ist «out»

Spätestens wenn ein Kind die Mutter oder vielleicht eine Nachbarin mit dicker werdendem Bauch erlebt, stellt es die Frage, vor der so viele Elterngenerationen Angst hatten: «Wo kommen die Babys her?» Heute können Mütter und Väter unbefangener damit umgehen, erwartet doch niemand mehr, daß sie das Märchen vom Storch erzählen. Viele Eltern greifen, wenn es soweit ist, zu Büchern, die man getrost «Standardwerke» nennen kann, weil sie in fast jedem Bücherregal von jungen Familien stehen:

In dem mit dem Deutschen Jugendliteraturpreis ausgezeichneteten Kindercomic «Peter, Ida und Minimum» (Ravensburger) erleben die kleinen Buchbetrachter schon die Schwangerschaft der Mutter – der es dabei nicht immer gutgeht – mit. Während das Baby wächst, haben die Eltern viel Zeit, die Kinderfragen nach der Entstehung genau zu beantworten. Anschließend werden auch die Schwierigkeiten der ersten Zeit mit einem neuen Baby geschildert.

Vor allem diese ersten Wochen mit einem Geschwisterchen stehen im Mittelpunkt von Astrid Lindgrens «Ich will auch Geschwister haben» (Oetinger). Der kleine Peter reagiert mit Eifersucht, haut seine Schwester, stört beim Stillen, schneidet sich die Haare ab und schmeißt die Teekanne auf den Boden. Seine Mutter reagiert mit viel Verständnis, so daß das dritte mit Freude erwartet wird.

Ob es sich um Birgit Spielmanns dreijährigen Sohn Oskar handelt oder um Karin Osenbrügge-Küsters vierjährige und achtjährige Töchter: Die Eltern sind aufgeschreckt angesichts der zahlreichen Berichte in allen Zeitungen und Zeitschriften über den sexuellen Mißbrauch von Kindern. Auch wenn sich schon die kritischen Stimmen melden, die davon sprechen, daß hier ein Thema aufgebauscht werde, möchten die Mütter und Väter ihre Kinder darüber aufklären. Eltern empfehlen vor allem folgende drei Kinderbücher: «Kein Küßchen auf Kommando», «Kein Anfassen auf Kommando» und «Heimlich ist mir unheimlich» (alle Donna Vita Verlag, Berlin). Die beiden ersten Titel zeigen jeweils auf einer Seite, welche verschiedenen Arten von Küssen und Anfassen es gibt, also zum Beispiel Guten-Morgen-Küsse, Freudenküsse, Kitzeln und Tätscheln. Aber manchmal mögen Kinder das Küssen und Anfassen nicht. Und dann haben sie das Recht, «Nein!» zu sagen. Das ist die Botschaft der Bücher. In «Heimlich ist mir unheimlich» (ab 6) werden vier Geschichten erzählt, in denen sich Jungen und Mädchen gegen Annäherungen wehren.

Kein kleiner Unterschied mehr?

Eigentlich müßte einem das Lachen im Halse stecken bleiben, wenn man «Bills neues Kleid» (Diogenes) von Anne Fine liest. Denn dem kleinen Jungen, der eines Morgens als Mädchen aufwacht, ist eher nach Weinen zumute, wenn er in der Schule sauberer schreiben muß

Die Streiche von Wilhelm Buschs «Max und Moritz» kommen auch heute noch gut an.

als sonst, die passive Rapunzel spielen soll und nicht mit den Jungen Fußball spielen darf (zum Vorlesen ab 7).

Erstaunliche Einigkeit zeichnet die Pädagogen aus, wenn es um «Mädchen- und Jungenbücher» geht: Eigentlich sollte es keine Unterschiede geben. Die Realität sieht allerdings so aus, daß die Kinder nur bis etwa zum Alter von sieben Jahren dieselben Bücher lesen. Danach greifen Jungen sehr viel eher zu Sach- und Computerbüchern sowie Comics als Mädchen.

Sobald Kinder ihre Bücher selber auswählen, haben Eltern keinen Einfluß mehr darauf, ob sie zu diskriminierenden Titeln greifen. Davor allerdings sollten Väter und Mutter darauf achten, daß die Mädchen in den ausgewählten Büchern gleichberechtigt sind. Denn das ist auch heute noch keineswegs selbstverständlich.

Zum Thema «Mädchenbücher» gibt es übrigens zwei Broschüren, die Titel schon für die Allerjüngsten enthalten. Eine heißt «Brave

Mädchen kommen in den Himmel. Böse Mädchen kommen überall hin» und ist für DM 2,50 (in Briefmarken) erhältlich bei: Trau Dich Buchladen, Holtenauer Str. 92, 24105 Kiel. Der zweite Katalog geht auf eine Ausstellung des Amtes für Frauenfragen der Stadt Heidelberg zurück und wurde «Stärker als ihr denkt» (Verlag Mensch und Leben) betitelt. Er ist im Buchhandel erhältlich.

Das «Buch der Bücher»

Ob im Kindergottesdienst oder zu Hause, ob im Kommunionsunterricht oder in der Schule – Kinder, die christlich erzogen werden, hören sie: die Geschichten der Bibel, die einen «wesentlichen Teil unserer Kultur und Geschichte darstellen», wie Horst Krahl, Pfarrer in der katholischen St. Andreas-Gemeinde in Wiesbaden, schreibt. Er hat sich das fast unübersehbare Angebot an Kinderbibeln angesehen und gibt hier einige Hinweise, auf was Eltern beim Kauf achten sollten:

«Daß es so zahlreiche Ausgaben für Kinder gibt, hat mich erstaunt: Von der Bilderbibel bis zur Bibel für Jugendliche – fast jede Altersstufe wird bedient. Und die Konfessionen bieten ihre Bibeln an, was ich aber nicht als Zeichen konfessioneller Trennung sehe. Im Gegenteil, es zeigt den Reichtum, der in der Vielfalt liegen kann. Für Kinder fallen theologische Differenzen und exegetische Feinheiten auch nicht ins Gewicht. Zudem sind Kinderbibeln keine Übersetzungen im strengen Sinn, sondern ausgewählte biblische Erzählungen und Texte in kindlicher Sprache.

Alle Kinderbibeln enthalten Zeichnungen und meist mehrfarbige Bilder: für kleinere Kinder mehr Bilder und weniger Text, für größere Kinder mehr Text und weniger Bilder. Bilder können die Phantasie anregen und neugierig machen. Ich erinnere mich an meine Kindheit. Als ich die erste Bibel, eine Schulbibel, bekam, betrachtete ich zuerst die Bilder, und diese bewegten mich, die dazugehörigen Geschichten zu lesen. Die dramatischeren Bilder des Alten Testaments reizten mich mehr zum Lesen als die des Neuen Testaments.

Nicht alle Texte sind für Kinder verständlich; auch Eltern wissen nicht jede Geschichte zu erklären. Einige Bibeln helfen deshalb durch Erklärungen, so auch eine Ausgabe von Dietrich Steinwede, die Kinder und Erwachsene ansprechen kann: *«Kommt und schaut die Taten Gottes»* (Vandenhoek/Christophorus). Auf 208 Seiten finden sich ausgewählte Texte und 76 farbige Bilder aus dem ersten Jahrtausend christlicher Kunst. Die Bilder dienen nicht bloß der Illustration, es sind Glaubensbilder, die auf ihre Weise den Text auslegen. Oft erlebe ich, daß Kinder in den Bildern mehr sehen als Erwachsene.

Das Neue Testament beginnt, wie es vor fast 2000 Jahren begonnen hat: Mit der Predigt des Apostels Paulus vom Tod und von der Auferstehung des Christus. Nach Hinweisen auf vier Evangelisten folgen die Geschichten von Jesus, angefangen mit den Erzählungen von seiner Geburt bis zu seiner Predigt über die Zukunft bei Gott. Mich spricht dieser theologisch konzipierte Aufbau sehr an.

Kursiv gesetzte Texte geben Hinweise auf die biblischen Erzähler, leiten ein, erhellen den geschichtlichen Hintergrund oder zeigen, daß es sich um Lieder, zum Beispiel Psalmen, handelt.

Im Vergleich mit anderen Bibeln fällt der knappe Erzählstil Steinwedes auf. Ein Beispiel aus der Bergpredigt: ‹Deshalb sage ich euch: / Macht euch keine unnötigen Sorgen / ums Essen, ums Trinken. / Seht die Vögel an: / Säen sie? / Ernten sie? / Sammeln sie Vorräte? / Nein!› Solche Texte lassen sich gut erzählend vorlesen.

Kinder anzuleiten, mit Freude die Bibel zu lesen und eines Tages nach der vollständigen Ausgabe dieses Buches zu greifen, halte ich für wichtig. Neben dem Kulturgut Bibel, das sich ihnen erschließt, hören sie und lesen sie anspruchsvolle Geschichten, die emotional ansprechen und zum Lebensvertrauen und zur Achtung vor den Mitmenschen und der Schöpfung beitragen.»

Mehr Hinweise auf Kinderbibeln und religiöse Kinderbücher bieten drei Broschüren: «Christliche Kinder- und Jugendbücher» mit Kurzbeschreibungen von Bilderbüchern, Erzählungen und Sachbüchern, erhältlich bei: Buchhändler-Vereinigung, Großer Hirschgraben 17–21, 60311 Frankfurt (DM 1,20 plus Porto/Mehrwertsteuer); «Religiöse Kinder- und Jugendbücher», das neben Büchern zu allen Fragen der Religion die Titel das Katholischen Jugendbuchpreises (siehe Anhang, S. 177ff) vorstellt, Bezugsadresse: Verband katholischer Verleger und Buchhändler e.V., Furtbachstraße 12A, 70178 Stuttgart (DM 3,40 in Briefmarken); «12 x 12 Kinder- und Jugendbücher», herausgegeben von der Katholischen Erziehergemeinschaft, enthält ein Kapitel mit religiösen Büchern (Bezugsadresse siehe S. 85).

Hexen und Zauberer

«Kinder brauchen Märchen» (dtv), fordert Bruno Bettelheim, denn kaum eine Literaturgattung sei so geeignet wie das Märchen, das Kind zu unterhalten, es moralisch zu erziehen, ihm Orientierungsmöglichkeiten und Hilfe bei der Bewältigung innerer Kämpfe zu bieten. Denn vor allem durch das Märchen könne ein Kind seine unbewußten Spannungen zu bewußten Phantasien umwandeln und damit erträglich machen. Bettelheim weist darauf hin, «daß bei den meisten Eltern die Meinung vorherrscht, man müsse ein Kind von dem, was es am meisten bedrückt, ablenken, also von seinen gestaltlosen, namenlosen Ängsten und von seinen chaotischen, zornigen oder auch gewalttätigen Phantasien». Er rät, Kinder nicht nur mit der bewußten Wirklichkeit oder angenehmen, wunscherfüllenden Bildern zu konfrontieren, denn das wirkliche Leben habe Schattenseiten.

Wie gelingt es dem Märchen, dem Kind seine Phantasien bewußt zu machen? Indem es existentielle Probleme mit Hilfe von eindeutigen Charakteren darstellt. Diese sind nie gut und böse, sie verkörpern immer nur eine Eigenschaft. Die Handlung verläuft so, daß das Böse am Ende unterliegt. Das Kind identifiziert sich, ohne daß die Eltern darauf hinweisen müssen, mit dem positiven Helden, weil es durch die Verkörperung attraktiver Eigenschaften angesprochen wird. Dadurch fördere ein Märchen die Moral wirksamer, so Bettelheim, als durch die Darstellung von Bestrafung für gewalttätiges und verbrecherisches Verhalten.

Was auch immer Sie von den Thesen Bettelheims halten – Sie sollten auf jeden Fall berücksichtigen, was er zum Vorlesen von Märchen sagt: Wenn Sie ein Märchen vortragen, achten Sie darauf, ob Ihr Kind davon angesprochen wird, wenn ja, wiederholen Sie es am nächsten Tag, wenn nein, lesen Sie ein anderes vor. Wenn Ihr Kind dann immer wieder nach ein und demselben Märchen verlangt, und Sie ahnen warum: Sagen Sie dies Ihrem Kind auf keinen Fall, sprechen Sie mit ihm nur über das, was es selber thematisiert. Denn viele Erfahrungen und Reaktionen des Kindes bleiben ihm lange unbewußt, und schon Kinder empfinden es als zudringlich und bedrohlich, wenn man zu erkennen gibt, daß man sie durchschaut. Außerdem, so Bettelheim, zerstöre man den Zauber der Geschichte und seine Kraft, «dem Kind zu helfen, daß es selbständig kämpft und ganz allein das Problem meistert, das ihm die Geschichte zuerst sinnvoll werden ließ».

Märchen bieten Kindern die Möglichkeit, sich auch mit ihren namenlosen Ängsten und gewalttätigen Phantasien auseinanderzusetzen (Bruno Bettelheim).

Märchenausgaben gibt es mehr als genug, fast jeder Verlag bietet sie an. Neben den deutschen Märchen von Andersen, Grimm und Hauff liegen inzwischen auch zahlreiche internationale Märchen vor, so daß es auch möglich ist, Märchen in verschiedenen Fassungen vorzulesen. Es macht Kindern großen Spaß festzustellen, daß es eine Geschichte in mehreren Fassungen geben kann.

Einige Empfehlungen sollen Ihnen zeigen, worauf Sie bei der Märchen-Auswahl achten müssen. Lea Stephan (5) hat, als sie kürzlich krank war, «Die schönsten Märchen» (Ravensburger) geschenkt bekommen, eine Auswahl Grimmscher Märchen. Das Buch gehört inzwischen zu ihren Lieblingsbüchern. Zwar besitzt sie auch einige der Märchen in bebilderten Einzelausgaben, aber sie gibt inzwischen diesem Buch den Vorzug. Grund dafür sind die klaren, bunten Illustrationen, die sie ansprechen und ihr dabei helfen, das nächste Märchen zum Vorlesen auszusuchen. Glücklicherweise ist auch «Hänsel und Gretel» enthalten, ein Märchen, das sie besonders berührt, weil es ihre eigene Vergangenheit – sie ist adoptiert – thematisiert. Immer wieder fragt sie: «Mama, warum will die Stiefmutter die Kinder nicht haben? Aber du gehst nicht von mir weg?»

Eine Ausgabe für Erwachsene und Kinder empfiehlt die Buchhändlerin Monika Trapp, und zwar «Alte Märchen der Brüder Grimm» (Beltz & Gelberg). Die Texte basieren im Gegensatz zu dem oben vorgestellten Band auf der Urausgabe, zu der Hans Joachim Gelberg im Nachwort schreibt: «Sie erzählt nicht nur spröder und herber als die späteren Fassungen, sondern auch kürzer und prägnanter; sie meidet wortreiche Weitschweifigkeit, macht wenig Umstände – selten, daß den Leser umständliche Erklärungen langweilen können.» Ein weiterer Vorzug der Ausgabe ist ihre bibliophile Ausstattung mit kleinem Format, kunstvollem Umschlag, edlem Papier, Vignetten und ganzseitigen farbigen Illustrationen (der Band ist Teil der Märchenreihe des Verlages, zu der u. a. auch die Märchen Bechsteins, Andersens und die Märchen aus 1001 Nacht gehören).

Neben den klassischen Märchen gibt es auch moderne, wie «Die Kinder in der Erde» (Ravensburger) von Gudrun Pausewang, bei dem es um das Thema «Angst vor dem Tod» geht: Hier sterben zunächst nicht die Menschen, sondern die Erde stirbt, weil die Bewohner sie zerstören. Die Mahnungen der Kinder werden von den Erwachsenen nicht ernst genug genommen, so daß die «gute alte Erde» die Kinder in einer Höhle versteckt. Erst jetzt wachen die Großen auf und ändern ihren Lebensstil – und die Kinder kommen wieder. Karin Osenbrügge-Küster liest ihren Kindern (4 und 8) das Märchen besonders gern vor.

Wer Kinder zum Selberlesen verlocken will, dem rät die Buchhändlerin Gabriele Hoffmann zu «Lippels Traum» (Oetinger) von Paul Maar. Denn dem kleinen Lippel werden seine «Märchen aus 1001 Nacht» von einer Kinderfrau weggenommen, und er muß sie zu Ende träumen. Was bleibt den Kleinen da anderes übrig, als ganz schnell die richtige Fassung lesen zu wollen ...

Gedichte sind nicht nur zum Analysieren da

Gedichte wecken bei den meisten Eltern Berührungsängste – und die Erinnerung an langweilige Deutschstunden. Das ist schade, denn Kinder sind genauso empfänglich für Lyrik wie für Lieder. Sie lieben den Klang von Gereimtem, und sie fühlen sich angesprochen von den modernen Versen, die fast alles thematisieren, was Kinder berührt.

Ute Andresen macht in ihrem – an Lehrer und Eltern gerichteten – Buch «Versteh mich nicht so schnell» (Beltz) Mut zum Lesen von Gedichten mit Kindern. Sie warnt allerdings davor, die Kinder zu zwingen, über Gedichte reden zu müssen. «Denn wenn ein Dichter etwas gesagt hat, was uns als Wahrheit tief berührt, macht es uns stumm. Was da zu sagen ist, hat ja der Dichter für uns schon viel besser, gültiger, beziehungsreicher gesagt, als wir das jemals könnten.» Ute Andresen rät, so vorzulesen, «daß wir denken und fühlen, was wir sprechen». Dann teile man mehr mit, als wenn man ein Gedicht zerrede. Sie nimmt vor allem die Angst, die Kinder mit einem Gedicht zu überfordern, denn man rede ja auch sonst nicht ständig kindertümlich. Ute Andresen hat festgestellt, daß die Gedichte, die Kinder für sich aussuchen, oft «weit außerhalb des Horizonts zu finden sind, den wir für ihr Alter annehmen». Deshalb hat sie in ihre Lyrik-Anthologie «Im Mondlicht wächst das Gras» (Ravensburger) klassische und moderne Gedichte aufgenommen. Sie wurden verschieden gestaltet und mit sanften Zeichnungen versehen. Die Buchhändlerin Monika Trapp empfiehlt Eltern, die nach Lyrik fragen, zuerst diesen Band.

Wenn Mütter und Väter nach «richtigen» Kindergedichten fragen, dann zieht sie von Josef Guggenmos «Oh, Verzeihung sagte die Ameise» (Buch und Kassette, Beltz & Gelberg) aus dem Regal, ein Band, in dem «Bild und Text adäquat zusammenkommen». Josef Guggenmos hat 1993 den Lyrik-Sonderpreis des Deutschen Jugendliteraturpreises erhalten. In der Begründung der Jury heißt es: «Viele seiner Gedichte sind wie ein Echo auf die Liebe der Kinder zum Kleinen, zum Lebendigen und zur eigenen Sprache. Mit diesen Gedichten im Sinn kann man der Welt wacher und entschiedener, furchtloser und fröhlicher begegnen.»

Anna Katharina Ulrich, Rezensentin für Kinderbücher bei der *Neuen Zürcher Zeitung*, empfiehlt Hans Manz, der 1993 mit dem Österreichischen Kinderlyrik-Staatspreis für sein Buch «Die Welt der Wörter» (Beltz & Gelberg) ausgezeichnet wurde. Die Jury wählte

Hans Manz aus, weil «seine Verse und Sprachspiele zugleich vom Hier und Jetzt handeln. Sie beleuchten Licht- und Schattenzonen des heutigen Kinderalltags, machen hellhörig für Mißklänge und feine Zwischentöne im menschlichen Miteinander. Der Sinn seiner Botschaften wird erfahrbar im konkreten Umgang mit den Texten, im Spiel mit Lauten und Zeichen, Wörtern und Sätzen, Versen und Schriftbildern, Rätseln und Reimen. Seine Sprachbücher sind vielen Kindern zum Sesam-öffne-Dich in die Welt der Wörter geworden.»

Noch mehr Empfehlungen

Wer weitere Buchhinweise sucht, der kann auf ein vielgefragtes Buch sowie eine ganze Reihe von aktuellen Empfehlungslisten zu Neuerscheinungen (die alle regelmäßig aktualisiert werden!) zurückgreifen:

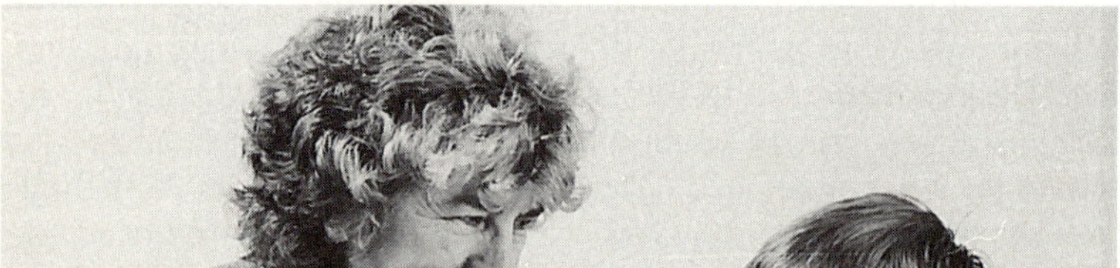

Fingerspiele und Kniereiter sind Hits bei Großeltern und Kindern. Koljas Oma führt gerade ein Stück aus «Fingerspiele und andere Kinkerlitzchen» (rororo Nr. 7749) vor.

«Die besten Bücher für Ihr Kind. 333 Vorschläge für Eltern» (Rowohlt) heißt das Empfehlungsbündel des Elternbuch-Autors Raimund Pousset und der Buchhändlerin Gabriele Hoffmann, die beide langjährige Erfahrung mit Kinderbüchern haben. Sie stellen darin Bilder-, Sach- und Spielbücher sowie die schönsten Schmöker für Kinder von 0 bis 10 Jahre vor.

«Erzähl doch mal. Empfehlenswerte Bücher zum Vorlesen und Erzählen für Jung und Alt», entstanden in Zusammenarbeit von Stiftung Lesen, Deutschem Bibliotheksverband, Bundesverband der Friedrich-Bödecker-Kreise e. V., dem Bundesverband Deutscher Zeitungsverleger e. V. und dem Deutschen Bibliotheksinstitut, erhältlich bei: Stiftung Lesen, Fischtorplatz 23, 55116 Mainz (DM 1,–).

«Neue Bilderbücher, Spiele, Elternbücher», empfohlen und ausgewählt vom Deutschen Jugendschriftenwerk, Bezugsadresse: Deutsches Jugendschriftenwerk, Fischtorplatz 23, 55116 Mainz (DM 2,60 in Briefmarken).

«Das Buch der Jugend. Bilderbücher – Kinderbücher – Jugendbücher – Sachbücher – Taschenbücher», zusammengestellt vom Arbeitskreis für Jugendliteratur, zu beziehen bei: Buchhändler-Vereinigung, Großer Hirschgraben 17–21, 60311 Frankfurt (DM 2,50 plus Porto/Mehrwertsteuer).

«Lesefreude mal 300» wird erstellt von der Kommission für Kinder- und Jugendliteratur des Österreichischen Bundesministeriums für Unterricht und Kunst. Die Broschüre stellt Bilder-, Kinder- und Jugendbücher mit einer Kurzbeschreibung und Altersangabe vor. Sie ist erhältlich bei: Institut für Internationale Kinder- und Jugendliteratur und Leseforschung, Mayerhofgasse 6, A-1040 Wien (öS 30,–).

«12 x 12 Kinder- und Jugendbücher für Schule, Familie, Freizeit», erarbeitet vom Arbeitskreis für Jugendliteratur der Katholischen Erziehergemeinschaft (mit 2 Seiten christlicher Literatur), zu beziehen bei: KEG, Herzogspitalstr. 13/IV, 80331 München, und Sankt Michaelsbund, Herzog-Wilhelm-Str. 5, 80331 München (DM 3,– in Briefmarken). Die KEG gibt auch eine Zusammenstellung von «Wichtigen Kinder- und Jugendbüchern seit 1945» (nur Titelnennungen) heraus, ebenfalls zu beziehen bei obiger Adresse (DM 1,– in Briefmarken; DM 3,– bei Bestellung zusammen mit «12 x 12 Kinder- und Jugendbücher», s. o.).

Sehr ausführliche Beschreibungen von Bilder- und Kinderbüchern, zusammengestellt und formuliert von anerkannten Kinderbuchexperten, sind vom Arbeitskreis für Jugendliteratur in zwei dicken Broschüren herausgegeben worden: «Das Bilderbuch» (DM 14,– plus Porto) enthält Hinweise zu «Kleinen Welten, Alltagswelten, Erfahrungswelten, Erlebniswelten, Phantasiewelten, Märchenwelten, Sachwelten, Christlichen Welten und Künstler-Welten» (so die Kapitelüberschriften); «Das Kinderbuch» (DM 12,– plus Porto) deckt ebenso den gesamten Buchmarkt ab und informiert über Erzählungen, Märchen, Leseanfänger-Bücher, Sachbücher, Liederbücher, Beschäftigungsbücher und auch Comics. Beide Kataloge sind erhältlich bei: Arbeitskreis für Jugendliteratur, Schlörstraße 10, 80634 München.

Ebenso empfehlenswert und noch umfangreicher ist das «Bücherverzeichnis. Was soll ich lesen?» (Band 11/12) von der Landesarbeitsgemeinschaft Jugend und Literatur Nordrhein-Westfalen. Es umfaßt die Bereiche Bilder-, Kinder- und Jugendbuch, und hierbei selbstverständlich das erzählende und das Sachbuch. Auch in diesem Verzeichnis finden sich anspruchsvolle Rezensionen mit didaktischen Hinweisen. Bezugsadresse: Landesarbeitsgemeinschaft Jugend und Literatur NRW e. V., Von-Werth-Straße 159, 50259 Pulheim (DM 22,– plus Porto/Versand).

Kapitel 5

Mit Büchern spielen

Lesen bedeutet für Kinder mehr als «nur» Kuscheln, Zuhören und Darüber-Sprechen. Lesen heißt auch Leben mit den Büchern und den Bilderbuchfiguren. Vieles davon geschieht im Kopf der Kinder: Sichtbar ist für die Erwachsenen, daß die Kleinen das Vorlesen imitieren, daß sie das Gehörte nachspielen und daß es Anlaß fürs Malen, Basteln und Theaterspielen sein kann.

Sobald die Kleinen ihre Bücher kennen, d. h. sie schon mehrmals mit Vater oder Mutter angeschaut bzw. gelesen haben, «lesen» sie die vertrauten Titel selber. Das reicht vom zehnminütigen Betrachten bis zum stundenlangen Schmökern: «Lea (4) schafft es, sich zwei, zweieinhalb Stunden in ihr Zimmer zu setzen und Bilderbücher anzugukken», erzählt ihre Mutter Karin Osenbrügge-Küster. «Das sind oft Zeiten, in denen ich selber im Bett liege oder im Sessel sitze und ein Buch lese.»

Und die fünfjährige Lea Stephan, die nicht nur zu Hause, sondern auch noch im Kindergarten das Buch «Freunde» (Middelhauve) von Helme Heine gelesen hat, trägt ihrer Freundin das Buch vor, und zwar wortwörtlich.

Hier geht es den kleinen Lesern vor allem darum, die Erwachsenen nachzuahmen bzw. – wie die Pädagogen es formulieren – spielerisch die Rolle des Vorlesers einzunehmen. Das Imitieren beginnt übrigens, wenn auch mit anderen Ergebnissen, sehr viel früher. Schon die Allerkleinsten zerreißen mit Vorliebe die Zeitschrift, die die Eltern gerade lesen. Und schon die Zweijährigen setzen sich zu ihren lesenden Eltern und betrachten ein Buch.

Sascha zeigt seinem Freund Manuel sein Lieblingsbuch.

«Wo sind denn nur unsere Eltern?» sagt Lea vor sich hin und kriecht mit ihrem Teddy und ihrer Puppe durchs Zimmer. «Oh, da gibt's ganz viele Lebkuchen, lecker», läßt sie den Teddy sagen, «guck, da ist ein alter Mann!» – «Was macht ihr denn da?» krächzt sie.

Lea spielt offensichtlich Hänsel und Gretel nach. Sie ist keine Ausnahme, fast alle Kinder imitieren in Rollenspielen Gehörtes. Als Personal tauchen sehr häufig Feen und Teufel, Prinzen und Prinzessinnen sowie verlassene Kinder auf, die auf irgendeine Art und Weise von zu Hause fort müssen, sei es durch eigenes oder durch fremdes

Verschulden. Diese Figuren sind Märchen entnommen, einem Genre also, das nachvollziehbare und immer aktuelle Rollen anbietet.

Zum Nachspielen laden auch historische Geschichten ein. Mit einem Ritter zum Beispiel identifizieren sich Jungen besonders gern. Der sechsjährige Kristopher Kurku-Sprenger weist dabei – zum Ärger seiner Mutter – seiner Freundin immer geschlechtstypische Rollen wie Hofdame oder Gräfin zu. Auch Erzählungen über Dinosaurier bieten für Kristopher Spielanlässe: «Wenn er zum Beispiel Aggressionen verarbeitet – und die darf man ja nicht haben», erklärt seine Mutter, «dann nimmt er ein paar fleischfressende, aggressive Dinosaurier und greift damit ganz liebe, harmlose Pflanzenfresser an.» Maria Kurku-Sprenger ist sich ihres Problems mit den Aggressionen des Sohnes bewußt. Einerseits will sie nicht – wie andere Eltern –, daß ihr Kind aggressiv ist, weder zu Hause noch woanders. Gleichzeitig weiß sie, daß Kristopher Aggressionen hat und haben muß (wie Erwachsene übrigens auch) – gegen sie, gegen Freunde, gegen die Erzieherinnen im Kindergarten. Der Umgang mit Aggressionen ist also schwer, und so freut sie sich, wenn ihr Sohn im Spiel einen Weg der Verarbeitung findet.

Basteln, Malen und Theater: «Äktschen» in der Bibliothek und zu Hause

«Der dicke Mann macht einen Schritt und noch einen Schritt und wandert über eine große Wiese», liest die Bibliothekspädagogin Linda de Vos. «Mitten auf der Wiese steht eine Vogelscheuche. Guten Tag, sagt der dicke Mann, bist du ein Polizist?» Nachdem die Hauptfigur in Günter Bruno Fuchs' Klassiker «Ein dicker Mann wandert» (Middelhauve) noch allerlei Unsinniges erlebt hat, entläßt die Vorleserin ihre kleinen Zuhörer wieder in die Realität. «Und jetzt dürft ihr kleben oder malen, jeder, was ihm einfällt!»

Die Jüngeren wagen sich noch nicht an Experimente, aber sie greifen gerne zu Papier und Stift. Haus, Baum, Menschen, Sonne und Wolken, das zeichnen sie besonders gern, gleichgültig ob mit Wachsmalstiften oder mit Wasserfarben. Die Älteren sind schon eifrig dabei, Papierschnipsel in verschiedenen Farben auszureißen und ein Bild zusammenzukleben.

Was hier unter Anleitung geschieht, machen viele Kinder auch zu

Hause, manchmal angeregt durch die Eltern, seltener von sich aus. Denn solch ein zielgerichtetes Malen und Basteln braucht Hilfe. Es bietet sich übrigens – da es ein bißchen Zeit in Anspruch nimmt – besonders für verregnete Wochenenden zum Beispiel oder einen Kindergeburtstag an.

Bastelbücherberge

Bevor Eltern ihren Kindern Vorschläge fürs Malen und Basteln machen können, benötigen sie selber Anregungen. Dazu gibt es natürlich mehr als genug Bücher. Doch viele Mütter und Väter sind unsicher, was von den vielen Ideen praktikabel ist. Linda de Vos, Frankfurter Bibliothekspädagogin, die in der städtischen Kinder- und Jugendbuchbibliothek Veranstaltungen rund ums Buch anbietet, hat viele der Bastelbuchvorschläge bei ihrer Arbeit bereits umgesetzt. Sie hält sich allerdings – wie viele Eltern – nicht immer genau an das Vorgegebene. Manchmal wandelt sie das Beschriebene ab, je nachdem, ob sie anderes Material verwenden oder eine größere oder kleinere Zahl von Kindern beschäftigen will. Linda de Vos hat für dieses Buch einige Titel, die sie besonders gern verwendet, ausgewählt und kommentiert:

Sabine Lohf: «Das hab ich selbst gemacht. Ein Bastelbuch für Kinder ab 4 Jahren» (Ravensburger). Einfache und schwierigere Anregungen für selbstgemachte Spiele und Spielzeug, oft aus Resten verschiedenster Art; übersichtliche Bastelanleitungen und gute Abbildungen der fertigen Objekte.

Michaela Ulich/Pamela Oberhuemer (Hg.): «Es war einmal – es war keinmal. Ein multikulturelles Lese- und Arbeitsbuch» (Beltz). Märchen und Geschichten aus verschiedenen Ländern, manchmal in zwei Sprachen, und Anregungen, wie diese schöpferisch in Mal-, Bastel-, und Theateraktionen umgesetzt werden können.

Peter Lustig/Burckhard Mönter: «Peter Lustigs zweites Bastelbuch» (vgs). Anleitungen zum Basteln von mechanischem Spielzeug, wobei Grundprinzipien der Technik erklärt werden (für ältere Grundschüler).

Wer mit den Allerkleinsten erste Bastelversuche unternehmen will – den Einhalb- bis Zweijährigen, die natürlich nicht zu Linda de Vos' Veranstaltungen kommen –, der greife zu Elfi Schusters: «Basteln mit den ganz Kleinen» (rororo Nr. 9503). Die Autorin, seit 15 Jahren Leiterin von Mutter-Kind-Gruppen, zeigt, daß auch ungeübte Kinderhändchen kleine Wunderwerke und erste Geschenke entstehen lassen können.

Viele Eltern holen sich das Programm der Frankfurter Kinder- und Jugendbuchbibliothek, um Anregungen für ihre Familie zu bekommen. Denn die «Äktschen»-Veranstaltungen (so ihr Titel) sind durchaus zu Hause nachvollziehbar. Linda de Vos hat sich bereit erklärt, für dieses Buch einige ihrer Ideen preiszugeben. Doch bevor Sie sich an die Umsetzung machen, sollten Sie eines bedenken: In der Bibliothek schickt Linda de Vos die Eltern, die während der Veranstaltung anwesend sind, häufig hinaus, denn «sie sitzen oft schon nach fünf Minuten neben den Kindern, die dann sagen: ‹Ich kann das nicht!› Ich ermuntere die Kinder dann, nach eigenen Mitteln zu suchen, ein Problem zu

Was haben Hase und Igel wohl miteinander zu besprechen? Kinder eignen sich Geschichten an, indem sie sie nachspielen und dabei auch manchmal verändern.

lösen. Manchmal können sie wirklich etwas nicht, dann schlage ich ihnen meist vor, ein anderes Material zu wählen. Für mich ist das wichtigste, daß sie ‹Spaß am Eigenen› entwickeln.»

Für Eltern zu Hause heißt das: Greifen Sie nicht ein, sondern machen Sie sich die Sichtweise von Linda de Vos zu eigen: «Ich finde es einfach interessant, was beim Malen, Basteln oder Theaterspielen herauskommt, und es ist toll, wenn man etwas aus der vorher vorgelesenen Geschichte erkennen kann, aber das muß nicht sein.»

Bei den weiteren Vorüberlegungen zum Malen, Basteln oder Spielen gibt es eigentlich nur drei Dinge, die Sie unbedingt berücksichtigen sollten:

1. Die Geschichte muß zu den Kindern, die anschließend das Buch umsetzen wollen, passen. Bei wenigen Kindern wählen Sie am besten eine Fabel, die ja oft nur zwei oder drei Akteure hat (wie zum Beispiel «Der Fuchs und der Wolf»), oder eine Erzählung, die sich vielleicht nur um eine wichtige Figur oder um ein Ding dreht – wie in «Der Hut» (von Tomi Ungerer, Diogenes), der von Kopf zu Kopf fliegt, dabei einen Vogel und ein Kind rettet und einen Bettler zu einem reichen Herrn macht. Bei mehr Kindern sollte die Geschichte entsprechend viele Personen enthalten.

Mit Begeisterung sind Kinder übrigens auch dabei, wenn es um Sachtexte geht, berichtet Linda de Vos. Sie wählt dann oft mehrere Bücher aus und bringt auch Anschauungsobjekte mit. So krabbelte schon eine Spinne im Glas auf einem Bibliothekstisch herum, so hüpfte schon ein Hase durch die Bücherei. Das geht zu Hause vielleicht nicht, aber einen Regenwurm findet man überall – und ein buntes Herbstblatt allemal.

2. Beim Malen, Basteln und Theaterspielen werden verschiedene Materialien gebraucht. Sie sollten sich vorher überlegen, welchen Aufwand Sie für eine Aktion treiben wollen. Linda de Vos verwendet übrigens oft Reste. Legen Sie sich am besten auch ein Depot mit Joghurtbechern, Schraubgläsern, alten Illustrierten, Stoffresten, Klopapierrollen etc. an, das bei jeder Bastelgelegenheit unschätzbare Dienste leistet.

Hilfe gibt hierbei Kristina Hoffmann-Pieper in ihrem Buch «Basteln zum Null-Tarif» (rororo Nr. 7955), in dem nicht Neues, sondern «Abfall» die Hauptrolle spielt. Und beim Sammeln können Sie sich von dem (mit Hans-Jürgen Pieper gemeinsam verfaßten) Titel «Basteln ohne Gift» (rororo Nr. 8853) anregen lassen, in dem ausschließlich verträgliche Materialien empfohlen werden. Der «Verein für Alltagsökologie» hat dem noch eine Einkaufsliste beigefügt.

3. Planen Sie vorher, wie lange das Ganze dauern soll. In der Bibliothek dauert eine «Äktschen» meist eineinhalb oder zwei Stunden, das entspricht in etwa einer «Spielaktion» zu Hause.

Mit Papier und Stift

Malen ist die einfachste Art, Bücher umzusetzen. Man braucht nur Papier und Stifte, wobei die Kinder Vorlieben haben. Die einen malen am liebsten mit dicken Buntstiften oder Wasserfarben, die nächsten mit Malkreide oder Fingerfarben. Woran viele Eltern sicherlich nicht denken: Zeichnen und malen läßt sich auch auf Holzstücken, Tapetenrollen und Wellpappe. Mit einer Schnur und/oder einem Haken versehen kann man auch solche kleinen und großen Ungetüme an die Wand hängen.

Bei der Auswahl der Geschichtenvorlagen gibt es keinerlei Einschränkungen außer der des Alters. Kleine Kinder beschäftigen sich lieber mit einer Figur und einem vertrauten Ambiente, größeren kann man schon mehr Personen und eine kompliziertere Handlung zumuten.

Linda de Vos liest fürs Malen bei Kleineren gerne Märchen vor, «Brüderchen und Schwesterchen» beispielsweise kommt bei jeder gemischten Gruppe an. Falls Sie nur Mädchen oder nur Jungen beschäftigen wollen: Es gibt zahlreiche Märchen, die jeweils nur weibliche oder nur männliche Hauptfiguren (z. B. «Schneeweißchen und Rosenrot» und «Aschenputtel» bzw. «Tischlein deck dich» und «Die drei Federn») haben – aber vielleicht wäre es ja reizvoll, gerade eine Figur des anderen Geschlechts vorzustellen.

Aus der Museumspädagogik hat Linda de Vos eine ungewöhnliche Art, ein Buch umsetzen zu lassen, übernommen. Sie gibt Kindern Kunstbücher (oder Kunstdruckpostkarten) mit Bildern berühmter Maler, die die Kleinen mit Fingerfarben nachmalen oder mit Papierschnipseln als Collage «nachkleben». Falls Sie Ihren Kindern diesen Spaß bereiten wollen: Besorgen Sie sich ein Buch über einen berühmten Maler (in der Bibliothek, bei Freunden oder in der Buchhandlung) und Fingerfarben oder alte Zeitschriften, aus denen sich die Kinder kleine Fetzen in verschiedenen Farben reißen. Ein großer

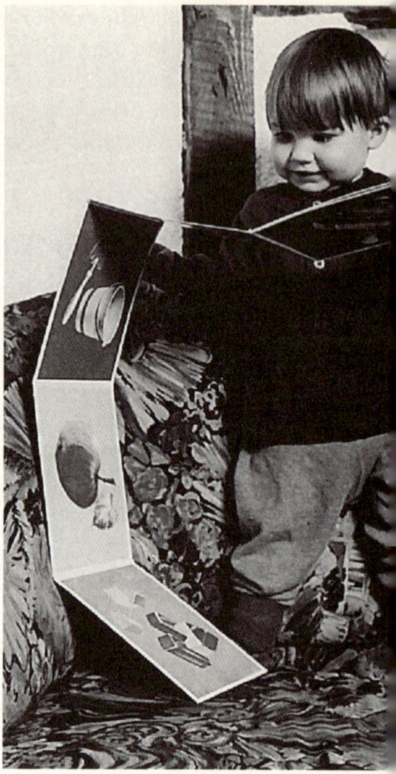

Marylou (15 Monate) «spielt» mit ihrem Leporello-Bilderbuch im wahrsten Sinne des Wortes.

Malblock, von dem Sie auch mehrere Blätter zusammenkleben können, Zeitungspapier als Unterlage und eventuell Klebstoff fehlen dann noch.

Solch eine Aktion weckt natürlich Interesse am Künstler, den man «bearbeitet» hat. Es gibt einige Bücher, die hier weiterhelfen. «Ein Kinderbuch mit britischem Witz, das vor allem die Angst den Sprößlingen nehmen soll, wenn sie von Eltern oder Verwandten gnadenlos zum Bildungsdrill in die ungeliebten Museen geschleppt werden», wie Karin Arzethauser in der *Weltwoche* lobt, ist «Lulu und die fliegenden Babys» (Diogenes). Es erzählt, wie die gegen ihren Willen ins Museum geschleppte Lulu von zwei Gipsfiguren darauf hingewiesen wird, daß sich ihr Protest – nämlich die Rotznase mit dem Ärmel abputzen – nicht gehört (ab 8). An Kinder ab 10 Jahre (zum Vorlesen ab 8),

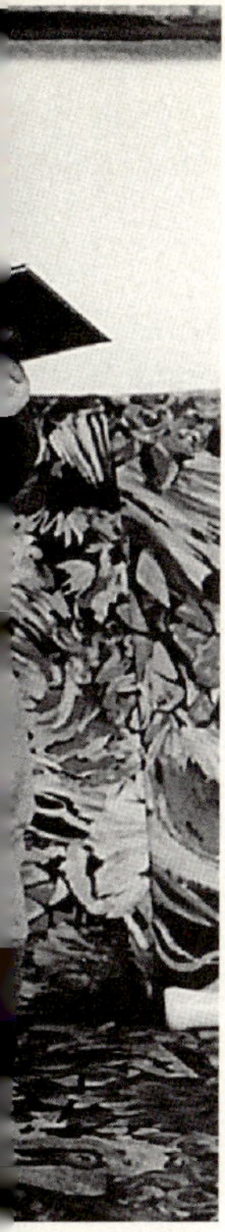

richten sich weitere Kunstbücher. Das Bilderbuch «Linnéa im Garten des Malers» (C. Bertelsmann) zum Beispiel erzählt, wie ein kleines Mädchen im Garten Claude Monets viel über das Leben des berühmten Impressionisten erfährt.

Gleich sechs malenden Berühmtheiten, nämlich van Gogh, Degas, Gauguin, Da Vinci, Miró und Picasso, widmet sich die Reihe «Kunst für Kinder» (Eichborn), die auch jeweils mit einer Geschichte über die Porträtierten informiert.

Mit Ton, Metall und Pappmaché

Dinosaurier sind «in», dementsprechend viele Bücher gibt es über sie. Und dementsprechend viele Anlässe zum Basteln. Linda de Vos zeigt gern die Dinosaurier, die nach dem Vorlesen von «Ein Dinosaurier zum Frühstück» (ars edition) entstanden sind. Auf Styropor(resten), mit vier Streichhölzern als Beine und einem Schaschlikstäbchen als Hals formen die Kinder mit Pappmaché ihren Dino, der selbstverständlich bemalt wird.

Auf dem Ausstellungstisch liegen aus Ton geformte Teller, aus denen seltsame Figuren herausragen. Was soll das sein? Phantasiefiguren, die sich ein kleiner Junge aus einem Kinderbuch ausgedacht hat und die die Kinder der Frankfurter Bibliothek nach der Geschichte geformt haben. Sie heißt «Heute wird alles anders» (leider nicht mehr lieferbar), und das ist auch der Satz, den der kleine Junge von seinen Eltern am Morgen gesagt bekommt. Daraufhin malt er sich aus, wie das Sofa einen Krokodilsschwanz bekommt, dem Sessel Gorillahände und -füße wachsen und der Gartenschlauch zur Schlange wird. Abends kommen die Eltern mit einem Brüderchen. Vielleicht gelingt es Ihnen ja, dieses sehr schöne Buch in einem Antiquariat oder in einer Bibliothek aufzutreiben. Wenn nicht, dann können Sie zum Beispiel Maurice Sendaks «Wilde Kerle» (Diogenes) vorlesen. Die Figuren sind wie geschaffen fürs Kneten.

Selbstverständlich kann auch ein Mädchen Hauptfigur sein, so zum Beispiel «Die Tütenprinzessin» (Lappan), die fit, frech und clever ist. Nur mit einer Tüte bekleidet rettet sie einen Prinzen, der von einem Drachen entführt wurde. Der Prinz beschwert sich über ihre Kleidung, woraufhin sie ihm etwas an den Kopf wirft und «Hau ab!» ruft. Die Tütenprinzessin entsteht so: Die Kinder malen ihre Kontur auf ein dickes Papier. Anschließend kleben sie mit Hilfe von Paketband einen stabilen, aber formbaren Pappstreifen (etwa 3 cm dick) auf die Linien. In diese Form gießen oder streichen sie den – am besten von den Erwachsenen – angerührten Ton, der, wenn er trocken ist, noch angemalt werden muß.

Wie weit der Rahmen einer gestalterischen Umsetzung von Büchern gehen kann, zeigt vor allem folgendes Beispiel aus der Frankfurter Bibliothek. Hierfür hat Linda de Vos ein internationales Märchen aus dem Band «Der weiße Elefant» (Peter Hammer Verlag) gewählt. «Taokan, der Steinewerfer» (so heißt die Geschichte) wirft mit Steinen Muster in Blätter. Das Prinzip des Durchlöcherns setzen die Kinder dadurch um, daß sie mit einer Nadel Löcher in Tonpapier stechen, das, zu einer Rolle geformt, von innen (z. B. mit einer Taschenlampe) beleuchtet wird.

Ein letztes Bastelbeispiel basiert auf dem Vorlesen von Sachbüchern, hier von Texten über Aquarien. Das können Kinder mit Klopapierrollen, einigen Fäden, ein bißchen Papier und Farbe und einem Kasten umsetzen. Denn die Klopapierrollen geben herrliche Fische ab. Die Kinder kleben sie zusammen, indem sie Flossen und Kopf aus buntem Papier ausschneiden und an die Rolle heften oder kleben. Dann ziehen sie einen Faden, der unten geknotet ist, durch die Rolle und hängen den Fisch daran in die Kiste. Am Boden lassen sich Pflanzen durch grüne Papierstreifen darstellen. Wer will, kann den Rücken der Kiste ausschneiden (3 cm an den Rändern stehenlassen – wegen der Stabilität) und mit Transparentpapier einen bunten Hintergrund schaffen.

Hinter und auf der Bühne

Das Wort Theater erschreckt viele Eltern, denn sie denken an den Aufwand beim Kostüme-Nähen, Frisieren und Schminken. Doch Theater für Kinder ist nicht so weihevoll, es macht vor allem viel Spaß und wenig Aufwand – wenn man will.

Für manches Theater braucht man nur einen *Kassettenrecorder* und ein Mikrofon. Sie können Kindern zum Beispiel eine Geschichte vorlesen und diese nachspielen lassen. Linda de Vos hat einer Gruppe die Aufgabe gegeben, ein Vampirtheater zu erfinden. Die Kinder haben sich einige Minuten lang Rollen überlegt, sie verteilt und losgespielt. Das Ganze wurde angehört, vorsichtig kritisiert, verbessert und dann wiederholt. Nach mehreren Durchgängen war die Aufführung perfekt.

Schon Generationen von Kindern haben sich mit dem *Kasperletheater* beschäftigt. Die Vorlagen für die Stücke stammen meist aus Büchern, die es für jedes Alter gibt. Auch beim Material sollten das

Alter und die Fertigkeiten der Kinder maßgeblich sein. Denn Kasperlefiguren kann man kaufen oder aus Pappmaché, Plakafarben und einem Stück Stoff selber herstellen. Selbst das Theater läßt sich fertig erstehen oder mit einer Schnur und einem darübergehängten Bettuch selber machen. Wer Stücke wählt, die nicht das traditionelle Personal wie Kasperl, Gretel, Großmutter und Polizist enthalten, wird allerdings zu Schere und Papier bzw. Pappe greifen müssen. Mit einer gemalten, ausgeschnittenen und hinten mit einer Pappschlaufe versehenen oder an einem langen Stock befestigten Figur kann dann alles gespielt werden.

Kasperl, Seppel, Hexe und die Prinzessin sind unsterbliche Figuren im Puppentheater.

Beim *Schattentheater* bleibt den Spielern keine Wahl, sie müssen zuerst basteln. Die Figuren entstehen wie die aus Papier hergestellten Kasperlefiguren, sie brauchen allerdings nicht angemalt zu werden. Das Theater baut man aus einer hoch zwischen Regalen oder in einen Türrahmen gespannten Schnur, auf die zunächst ein weißes Bettuch und in der Mitte ein dunkles Tuch gehängt wird, so daß man die kleinen Spieler nicht sehen kann. Dahinter wird eine Lichtquelle, am besten ein Diaprojektor, gestellt. Um einmal ein Beispiel für ein leicht spielbares Stück zu nennen: In der Frankfurter Bibliothek sind «Die Bremer Stadtmusikanten» (in jeder Ausgabe der Grimmschen Märchen und als Einzelausgaben) bei einer Ausstellungseröffnung ein großer Erfolg gewesen.

Das *Tischtheater* ist den meisten Eltern eher unbekannt. Dabei kann fast jedes Kind die nötigen Handgriffe. Es braucht dafür nur Pfeifenputzer, aus denen zunächst ein Reif als Ständer und darauf aufbauend dann eine Figur geformt wird.

Eine Variante des Tischtheaters gibt es schon seit Goethes Zeiten: das *Kartontheater.* Es entsteht aus einem großen Karton, der an einer

Auch die kleinen Zuschauerinnen lassen sich völlig gefangennehmen.

Seite ausgeschnitten und an der rechten und linken Seite mit Schlitzen versehen wird. Hierdurch werden die kleinen, aus Papier ausgeschnittenen und an einem Draht befestigten Figuren gesteckt. Wieviel Mühe man sich bei der Gestaltung gibt, hängt von der Bereitschaft der Teilnehmer ab. So lassen sich die Figuren mit Stoff verzieren, und das Theater kann mit einem Vorhang geschmückt werden.

Wer noch mehr Ideen benötigt, der kann in Büchern nachschlagen: «Kinder machen Theater. Spiele und Stücke, Kostüme und Kulissen»

(Christophorus) zeigt, wie man die richtigen Texte findet, sie mit Musik, Tanz, Gesang und Pantomime umsetzt und alles Erforderliche selbst herstellt. Es kann für Kinder ab 3 Jahren verwendet werden. Zumindest ihren sechsten Geburtstag sollten die kleinen Schauspieler gefeiert haben, wenn ihre Eltern «Kinder spielen Theater» (Falken) als Anleitung nehmen. Denn jetzt können Regie und Inszenierung, Kulisse und Kostüme, Beleuchtung und Musik schon etwas komplizierter sein.

Selber Bücher basteln

«Ich bringe oft Buch- und Spielzeugprospekte mit», erzählt Andrea Stephan, «und die dürfen Till (3) und Lea (5) dann zerschneiden. Das Ausgeschnittene kleben sie dann zu Büchern oder eher Collagen zusammen. Till geht es dabei vor allem um das Schnipseln und Kleben, und es ist ihm egal, ob dabei ein halber oder ein ganzer Mensch zu sehen ist. Lea klebt themenbezogen, zum Beispiel ‹Was ich gerne möchte› oder ‹Was mir gefällt›. Sie hat Schubladen voll solcher Collagen.»

Till und Lea gehören zu den wenigen Kindern, die sich selber Bücher gebastelt haben. Denn für die meisten Eltern gehört das Büchermachen zu den Dingen, die sie für zu schwierig halten. Dabei könnten sie so manche Schlecht-Wetter-Langeweile damit vertreiben.

Falls Sie Ihre Kinder zunächst an das «Schnippeln und Kleben» gewöhnen wollen, bevor Sie sie ein Buch basteln lassen, hier zwei Tips: In «Heute basteln wir mit Pappe und Papier» (Falken) beschreiben die Autorinnen sehr anschaulich, wie sich von 3- bis 10jährigen Grußkarten, Girlanden, Masken, Oster- und Weihnachtsdekoration, Mobiles und Geschenkverpackungen herstellen lassen. Und «Zeitungsspiele» (Lentz) läßt staunen, was Kinder von 4 bis 14 mit alten Zeitungen, Zeitschriften, Katalogen und Reklame alles machen können, nämlich Bastel- und Klebespiele, Such-, Spaß- und Ratespiele, Konzentrations- und Gedächtnisspiele, Rechtschreib- und Lesespiele.

Falls die kleinen Bastler immer noch zuviel Respekt vor dem «Ding Buch» haben, lassen Sie sie zunächst einmal *Lesezeichen*, *Buchhüllen*, *Büchertüten* und *Büchertaschen* herstellen. Die Stadtbücherei Rüsselsheim bietet solche Aktivitäten regelmäßig als (vielbesuchte) Veranstaltung an.

Haben die Kleinen genug geschnipselt, geklebt, gefaltet und gerätselt, dann wagen sie sich sicher an ein Buch. Am einfachsten geht es mit der oben beschriebenen Collage, die sich beliebig variieren läßt. Besonders gern kleben Kinder Fotos von sich selber zusammen, so daß ein persönliches *Fotoalbum* daraus wird. Dazu läßt sich zum Beispiel ein Schulheft verwenden.

Kinder können aber auch ihre eigenen Bilderbücher malen. Die Bibliothekspädagogin Linda de Vos bietet abhängig vom Alter verschiedene Malmethoden an. Für die Kleinsten unterteilt sie Gedichte, schreibt die Textstücke auf entsprechend viele Blätter und bittet die Kinder, zu jedem Teil ein Bild zu malen. Auf ein großes Papier geklebt, ergibt sich so ein *«Plakat»-Buch*.

Etwas ältere Kinder sind bereits in der Lage, *ganze Bücher* selber herzustellen, einschließlich der Geschichte. Linda de Vos gibt zum Beispiel folgendes vor: Sie wählt ein Wort und teilt jedem Kind einen Buchstaben zu. Das erfindet eine kleine, eigenständige Geschichte, die es auch illustriert. Ein andermal entsteht eine Geschichte dadurch, daß jedes Kind einen Satz sagt, an den das nächste anknüpft. Die Bruchstücke werden jeweils auf ein Blatt geschrieben oder gedruckt (eventuell von einem Erwachsenen) und mit einer Illustration versehen. Das Ganze braucht dann nur noch zusammengeheftet und am linken Rand mit einem Klebestreifen versehen zu werden. Auf solche Art und Weise entstandene Bücher können übrigens in der Frankfurter Bibliothek ausgeliehen werden.

Nicht nur Frankfurt, auch zum Beispiel München, Rüsselsheim und Berlin haben sehr aktive Kinder- und Jugendbuchbibliotheken. Alle bieten etwas an, das auch Eltern – zum Beispiel bei Kindergeburtstagen – zu Hause veranstalten können. Es geht um das *Bilderbuch-Kino*. Hierfür werden die (eventuell abfotografierten) Bilder eines Buches mittels eines Dia- oder eines Overheadprojektors gezeigt, und dazu wird die Geschichte vorgelesen.

Bücher über Bücher

Spätestens nachdem die Kleinen ein eigenes Buch gebastelt haben, wollen sie mehr über das Bücher-Machen wissen. Antworten finden Kinder und Eltern in – Büchern. Schon Kindergartenkindern erklärt Irmgard Lucht in «Wie kommt der Wald ins Buch» (Ellermann, 1990 ausgezeichnet mit dem Deutschen Jugendliteraturpreis), wie sie selber zum Schreiben und Zeichnen kam. Am Beispiel ihres Buches «Die Wald-Uhr» zeigt sie, wie eine Idee entsteht, ein Titel und ein Untertitel gefunden, eine möglichst wirklichkeitsgetreue Illustration angefertigt und der Text geschrieben werden und was anschließend in einem Verlag, in einer Setzerei, in einer Druckerei und in einer Buchbinderei passiert.

In der Stadtbücherei München fand 1992 eine Aktion statt, bei der Kinder Interviews mit Autoren, Illustratoren und Verlagsmitarbeitern führten. Das Ganze ist als Broschüre unter dem Titel «Bitte aufblättern! Wer steckt hinter Kinderbüchern? Porträts aus der Münchner Kinderbuchszene» erschienen und gibt einen guten Einblick. Bestelladresse: Kultur & Spielraum e. V., Müllerstr. 42, 80469 München (DM 3,– plus Porto).

Vier weitere Titel für Kinder ab 10 Jahren drehen sich um das «Buch-Machen»: Während «Die Welt der Bücher» (Ravensburger) und «Irmgard Kutsch erzählt vom Büchermachen» (Oetinger) eher in erzählender Form berichten, beantwortet das «Ellermann Lese-Lexikon» alle möglichen Fragen rund ums Buch in (178) Stichworten. Es erklärt literarische Formen, Begriffe wie Buchbesprechung, Interview oder auch den Unterschied zwischen einem Bilderbuch und einem Jugendbuch. Und zu (fast) jedem Stichwort gibt es ein Beispiel.

Erwachsene und Kinder haben gleichermaßen Spaß am «Derdiedasbuch» (Kinderbuchverlag). Es arbeitet mit Cartoons, die jeweils an entsprechender Stelle zum Beispiel den Klappentext, das Vorsatzpapier, den «Schmutztitel», den Haupttitel, das Impressum usw. erklären. Anschaulicher geht es kaum, aber ein bißchen Ironie müssen die Betrachter bei den meisten Zeichnungen schon verstehen.

Anlässe und Ausflüge

Ritter, Räuber, Hexen und Saurier, das sind beliebte Themen bei Kindern, und zwar nicht nur für einen kurzen Augenblick, sondern oft über viele Jahre hinweg. Martin Schön ließ sich zum Beispiel mit drei Jahren den «Räuber Hotzenplotz» von Otfried Preußler (Thienemann) und einige Jahre später «Ronja Räubertochter» (Oetinger) von Astrid Lindgren vorlesen. Aber nicht nur, daß ihn insbesondere

«Drei Jahre!» rief ich. «Habt ihr Schiffbruch erlitten?» – «Nein, Kamerad», erwiderte er, «ausgesetzt!» Ich hatte den Ausdruck schon einmal gehört und wußte, daß er eine schreckliche Strafe bedeutete ... Bücher sind Zeitmaschinen und Spielanleitungen.

Ronja über Jahre begleitet hat und er bei jedem Lesen neue Aspekte in dem Buch entdeckte: Im Kindergarten ging auch «die erste Wanderung zur Räuber-Leichtweis-Höhle in der Nähe von Wiesbaden, wo wir damals wohnten. Das hat ihn ungeheuer beeindruckt. Als wir kürzlich dort langfuhren (Martin ist jetzt 13), da erinnerte er sich noch an das, was er damals über den Räuber hörte. Daß er nämlich keine großen Schätze besaß und sich verkrochen hatte, weil er verfolgt wurde. Genauso durchgezogen hat sich das Interesse an Sauriern. Als Martin drei Jahre alt war, sind wir das erste Mal ins Senckenberg-Museum gefahren, danach waren wir noch mindestens zweimal dort, und kürzlich hat seine Klasse einen Ausflug dorthin gemacht. Es hat ihn jedesmal neu fasziniert.»

Genauso ergeht es Maria Kurku-Sprenger mit ihrem Sohn Kristopher, der sie seit einem halben Jahr mit Fragen über Ritter löchert.

Und da sie vieles nicht beantworten kann, hat sie ihm Bücher über Ritter besorgt. Der entscheidende Anstoß für das kontinuierliche Interesse ihres Sohnes kam wie bei Martin Schön durch einen Ausflug: «Wir sind, als Kristopher anfing, sich für Ritter zu interessieren, zur Ronneburg gefahren, und an diesem Tag war dort ein Ritterfest. Er bekam einen Säbel, konnte sich Ritterkämpfe anschauen und die Burg besichtigen. Anschließend sind wir in verschiedene Buchhandlungen gegangen und haben nach Büchern gesucht. Außerdem hat er sich eine Ritterburg zum Spielen gewünscht.»

Solche Erfahrungen haben fast alle Eltern gemacht, vielleicht nicht mit Räubern und Rittern, aber zum Beispiel mit Sauriern oder heute noch lebenden Tieren. Denn Saurierausstellungen gibt es inzwischen allerorten, und einen Besuch im Zoo oder einen Urlaub auf dem Bauernhof machen die meisten Eltern mit ihren Kindern schon recht früh. Ein Räuber, ein Saurier, ein Ritter oder Tiere auf dem Bauernhof und im Zoo werden «begreifbar», sind auf einmal nicht nur im Buch, sondern auch noch in der Wirklichkeit zu sehen und zu fühlen. Das entspricht der kindlichen Erlebensweise, die bis zum Alter von 10 Jahren alle Sinne beansprucht.

Deshalb: Falls es Ihnen möglich sein sollte, Interessen Ihrer Kinder mit Ausflügen zu unterstützen, dann nutzen Sie die Chance – auch wenn damit ein bißchen Aufwand verbunden ist. Die Anregung muß allerdings von Ihnen kommen, denn Kinder verlangen selten von sich aus danach, das überfordert sie.

Wie feiert man Feste?

«Feste sind besondere, aus dem Alltag herausgehobene Tage», schreibt Christiane Kutik im Vorwort des von vielen Eltern geschätzten (anthroposophischen) «Jahreszeitenbuches» (Verlag Freies Geistesleben). «Eine gewisse Zeit der Vorbereitung, die ihnen vorausgeht, ist wichtig für Kinder. Sie gibt ihnen Gelegenheit, sich darauf einzustimmen.» Während Feste für Kinder Höhepunkte im Jahreslauf sind, haben sie für die Erwachsenen oft an Bedeutung verloren. Deshalb fällt es vielen Eltern schwer, mit ihren Kindern zu feiern. Immer mehr Mütter und Väter greifen zu Büchern, um sich an Feste erinnern zu lassen und um sich mit ihren Kindern darauf vorzubereiten.

Der Buchmarkt hat auf diesen Leserwunsch reagiert. Es gibt Bücher zu jahreszeitlichen Festen, zu christlichen Festen und für Kindergeburtstage. Manche erklären die Bedeutung der Feste, andere geben Bastel- und Backtips. Und so wie fast jede Familie «ihr» Gesundheitsbuch im Schrank stehen hat, wissen die meisten Kinder, daß vor ihrem Geburtstag, vor Ostern und Weihnachten mit Hilfe «ihres» Festbuches zusammen gebastelt und gebacken wird.

Einen Anlaß vergessen Kinder auf keinen Fall, und zwar ihren Geburtstag. Viele Eltern haben schon wochenlang davor Magenschmerzen, denn auf einmal sollen sie eine ganze Kinderhorde verköstigen und beschäftigen. Edmund Jacoby gibt – von lustigen Zeichnungen von Susanne Rotraut Berner unterstützt – solchen Verzweifelten Hilfestellung. Denn in ihrem Buch «Himmel, Hölle, Blindekuh» (Hanser) finden Sie altbekannte Kinderspiele und Ideen für Neuartiges wie Kino- und Fernsehen-Spiele – gleichgültig ob im Kinderzimmer, im Garten oder knobelnd und nachdenkend am großen Wohnzimmertisch, die Meute ist zufrieden. In dieses Buch kann man übrigens auch mal schauen, wenn kein Fest ansteht, sondern «nur» ein Besuch von Freunden der Kinder.

Kapitel 6

Bücher erleben

Kinder brauchen Schriftsteller zum Anfassen. Denn wenn sie einen Autor einmal gehört haben, lesen sie seine Bücher anders. Sie erinnern sich an die Lesung und sehen die Person hinter der Geschichte. Lehrer wissen darum, und deshalb sind Lesungen in Schulen eine Selbstverständlichkeit. Doch Eltern können ihren Kindern schon früher die Gelegenheit bieten, Schriftsteller persönlich kennenzulernen.

Lesungen sind allerdings noch nicht für ganz kleine Kinder geeignet, denn «es ist ein Unterschied, ob der Vorleser ein Kind vor sich hat und es anschaut, oder ob mehrere Kinder beieinander sind, da geht der Bezug zu den einzelnen verloren», erklärt die Erzieherin Maria Kurku-Sprenger. Ab wann Ihr Kind alt genug für Lesungen ist, müssen Sie selber herausfinden, denn jeder reagiert anders auf solche «Großveranstaltungen». Sobald Ihr Sohn oder Ihre Tochter fähig ist, eine Stunde stillzusitzen und zuzuhören, sollten Sie ihm das Erlebnis «Lesung» ermöglichen.

Gudrun Pausewang beispielsweise gehört zu den Autoren, die regelmäßig Lesereisen unternehmen. Sie wurde 1928 in Ostböhmen geboren, war längere Zeit Lehrerin in Südamerika und Deutschland und lebt heute als Schriftstellerin in Schlitz bei Fulda. Gudrun Pausewang zählt zu den kritischen Autoren, die auch Tabus aufgreift. So schrieb sie 1988 den Jugendroman «Die Wolke» (Ravensburger), der einen Störfall in einem Kernkraftwerk schildert. Erst nach Wochen öffentlicher Auseinandersetzungen erhielt die Autorin den Deutschen Jugendliteraturpreis, für den sie nominiert war – sie hatte in dem Roman die verantwortlichen Atompolitiker kritisiert.

Gudrun Pausewang kam auf ihrer letzten Lesereise auch in die kleine hessische Stadt Gelnhausen. Vor der Lesung hat sie einige Fragen beantwortet, u. a. wie sie zum Schreiben kam, warum sie für Kinder und Jugendliche schreibt und welche Aussichten sie für das Lesen sieht.

Erinnern Sie sich an Ihre ersten «Lese-Erlebnisse», also Vorlesen und Lesenlernen? Was bedeutete das Lesen damals für Sie?

Das Tor zur Welt.

Die Kinderbücher, mit denen Sie aufgewachsen sind, waren sicherlich anders als diejenigen, die Sie heute schreiben. Welche Art von Büchern war das? Gibt es sie heute noch?

Meine Eltern hatten Gymnasialbildung, waren aber arm. Sie konnten mir keine Kinderbücher kaufen. Ich las mich quer durch den Inhalt unserer Bücherschrankes – fast nur Romane für Erwachsene. Was ich nicht verstand, überblätterte ich. Allerdings erinnere ich mich an dicke Bücher mit deutschen Heldensagen und Sagen aus der Antike. Und Wilhelm Busch war auch da. Irgendwann kam mir auch mal Spyris «Heidi» in die Finger, auch Lagerlöffs «Nils Holgersson». Das alles gibt es noch. «Trotzköpfchen» und derlei las ich nie.

Als Zehnjährige erlebten Sie die Annektierung des Sudetenlandes. Veränderte sich damals für Sie das Lesen? Wurde es zur Möglichkeit, sich zu entziehen?

Ich sah damals keinen Anlaß, mich zu entziehen. Meine Eltern standen hinter dem Nationalsozialismus, also war auch ich begeisterte Anhängerin dieses Systems, wie die meisten sudetendeutschen Kinder. In meinem Lesehunger las ich eben nationalsozialistische Literatur.

Und heute, was bedeutet heute das Lesen, die Möglichkeit, sich in Zeitungen und Zeitschriften zu informieren, der Besitz von Büchern für Sie?

Über sie informiere ich mich über die politischen Vorgänge, über den Zeitgeist, über die Situation des Menschen in der Gegenwart und seine Aussichten für die Zukunft, gewinne immer neue Erkenntnisse über unseren Planeten und seine Bewohner, also auch über mich selbst.

Wann haben Sie zu schreiben begonnen? Gab es einen Anlaß dafür? Und wie wurden Sie zu einer Kinder- und Jugendbuchautorin?

Sobald ich schreiben gelernt hatte. b) Nein. Ich hatte eben Spaß daran. c) Mehr durch Zufall. Seit dem Erscheinen meines ersten Romans schrieb ich ja zehn Jahre lang nur für Erwachsene. Ein Verlag fragte mal an, ob ich ein Kinderbuch für ihn schreiben wolle. Das tat ich. Es kam an, und so schrieb ich ein nächstes. Und so weiter.

Sie haben sehr unterschiedliche Bücher geschrieben, die meisten haben eher einen politischen und gesellschaftskritischen Charakter, es sind aber auch Werke wie diejenigen vom sympathischen Räuber Grapsch («Wer hat Angst vorm Räuber Grapsch», «Ein wilder Winter für Räuber Grapsch», «Ein Eigenheim für Räuber Grapsch», alle Ravensburger) darunter. Wie entstehen solche unterschiedlichen Schreibinhalte?

Ich schreibe immer über das, was mich bewegt. Und wenn ich wieder mal so einen schwerverdaulichen politischen Brocken hinter mir habe, lockt mich leichtgewichtigeres. Und vor allem möchte ich ab und zu mal so richtig fabulieren. Das kann man nicht mit politischen Themen.

In den meisten Ihrer Kinder- und Jugendbücher sprechen Sie immer wieder ganz bestimmte Themen an. Welche sind das, und warum konzentrieren Sie sich auf diesen Bereich?

Nie wieder Krieg! – Solidarität mit der Dritten Welt und Einbindung jeder Art von Minderheiten – und das Thema Umwelt. Diese drei Themen sind ja gegenwärtig wohl die wichtigsten Themen. Außerdem haben sie auch mit meinem Lebenslauf zu tun.

Ihre Bücher bringen aber nicht nur ganz bestimmte Themen, sie enthalten auch eine Botschaft. Welche ist das?

Die Menschheit muß sich radikal – und schnell – ändern, wenn sie überleben will.

Das Fernsehen hat sich zur großen Konkurrenz des Lesens entwikkelt. Welche Chancen sehen Sie heute noch für das Lesen und für Ihre Botschaft im Medium Buch?

Das Lesen wird zu einem Hobby innerhalb der gebildeteren Gesellschaftsschichten verkommen. Entsprechend gering sehe ich die Chancen für das Lesen und meine Botschaften in den Büchern. Allerdings werden viele meiner Jugendbücher als Klassenlektüre in Schulen gelesen. Noch. Eine kleine zusätzliche Chance.

Viele Ihrer Bücher zählen zur Kinder- und Jugendliteratur mit politischer Aussage. Wie vermittelt man politische Inhalte für Kinder und Jugendliche so, daß inhaltlich nichts verlorengeht?

Politische Sachverhalte vermittle ich nicht an Kinder, sondern an Jugendliche. Die Bücher müssen vor allem spannend sein, und die politischen Sachverhalte müssen so mit der Handlung verwoben sein, daß sie Voraussetzung für die Handlung sind. Und es muß unbedingt eine Hauptfigur dasein, mit der sich der jugendliche Leser identifizieren kann.

Ihr Buch «Die Wolke» (Ravensburger) wurde mit dem Deutschen Jugendliteraturpreis ausgezeichnet. Davor gab es eine lange Auseinandersetzung um die Prämierung, weil Sie in dem Buch die verantwortlichen Politiker an den Pranger stellen. Hatte dieser Streit Auswirkungen auf Ihr Schreiben?

Nein, jedenfalls keine negativen. Ich glaube, er machte mir Mut.

Ihr letztes Jugendbuch «Reise im August» (Ravensburger) schildert in bedrückender Weise einen Transport von Juden in ein Konzentrationslager. Was war der Anlaß für diese Schilderung? Wollten Sie in einer Zeit des zunehmenden Rechtsradikalismus bewußt an diesen Teil der deutschen Geschichte erinnern?

Ich schrieb dieses Buch, bevor der Rechtsradikalismus so deutlich wurde wie in Hoyerswerda, Mölln und Solingen. Ich war und bin der Meinung, daß man immer wieder an diese entsetzlichen Vorgänge während der Jahre zwischen 1933 und 1945 erinnern muß. Damit so etwas nie wieder geschieht. An der Schuld werden wir noch lange tragen. Mit ihr kann man sich auch über Bücher auseinandersetzen.

Sie erhalten sicherlich viele Leserbriefe. Was schreiben Ihnen die kleinen und etwas größeren Leser?

Von den kleineren Lesern erhalte ich öfters heitere Grapsch-Zeichnungen. Erst die Leser über zwölf Jahre äußern sich – von Ausnahmen abgesehen – schriftlich zu meinen Büchern. Natürlich kommen viele Fragen, die ich auch alle beantworte, obwohl mich das ungeheuer viel Zeit kostet. Aber auch solche Statements wie das eines 13jährigen Jungen erhalte ich öfters: «Wir haben als Klassenlektüre Ihr Buch ‹Die Wolke› gelesen. Das Buch hat mich überzeugt. Ab jetzt hat die Atomindustrie einen Gegner mehr!» Aus solchen Rückmeldungen beziehe ich Mut zu neuen politischen Büchern.

Bei Ihren Lesereisen treten Sie vor Kindern und Jugendlichen aller Altersklassen auf. Wie reagieren Ihre Zuhörer auf Ihre Lesungen?

Sie hören meistens gespannt zu. Meine Bücher sind ja spannend. Die Fragen aber sind vielfältig, die dann in der Diskussion gestellt werden. Je nach Schulgattung, Alter und vor allem der Vorbereitung des Lehrers. Ab und zu erlebe ich Sternstunden. Auch in Hauptschulklassen.

Bücher live

120 Kinder und 30 Erwachsene sitzen dicht gedrängt in der Stadthalle von Gelnhausen. Noch herrscht ohrenbetäubender Lärm. Als die Buchhändlerin Ute Pretzer (die zusammen mit dem örtlichen Dritte-Welt-Laden die Lesung organisiert hat) zum Mikrofon greift, verstummen die Anwesenden sofort. Gudrun Pausewang begrüßt ihre Gäste: «Ihr sollt hier aber nicht nur sitzen und zuhören, auch Ihr müßt arbeiten heute nachmittag!» Alle sind gespannt. Gudrun Pausewang beginnt zu lesen. Die Geschichte heißt «Alptraum» und handelt von

In vielen Buchhandlungen und Büchereien gibt es Veranstaltungen mit «Kinderbuchautoren zum Anfassen». Hier stellt sich der Illustrator und Autor Thomas Schallnau, der bekannt geworden ist durch seinen Elefanten «Rüssel» (Postreiter Verlag), den Fragen der Kinder.

einem weißen Mädchen, das von Schwarzen diskriminiert wird. Die zuhörenden Kinder und Erwachsenen begreifen schnell, worum es hier geht, die Zeitungen sind voll vom Thema Ausländerhaß in diesen Tagen. Später läßt Gudrun Pausewang die Kinder reimen und Refrains rufen. Bis wieder eine bestürzende Geschichte über den Krieg folgt: «Wer aufhört, hat verloren!» liest die Schriftstellerin, und umbarmherzig geht es weiter: Alle Verwandten der Buchfigur sterben. Die zuhörenden Kinder begreifen: So funktioniert der Krieg. Es folgt eine humorvolle Geschichte über den Räuber Grapsch. Die Wechselbäder verwirren die Kinder erstaunlicherweise nicht, im Gegenteil, sie helfen ihnen, sich immer wieder neu auf das Gehörte zu konzentrieren. Einige Größere lesen mit – in Büchern, die sie sich vor der Veranstaltung von der Autorin signieren ließen.

Solch eine Lesung stellt nur einen Teil des großen Angebots dar, aus dem Eltern – vor allem in Großstädten – wählen können. Dazu gehören auch das Bilderbuchkino für 4- bis 8jährige und Lesungen für Grundschulkinder mit Kinderliteratur, Kinderliedern und Sachbüchern in Bibliotheken (siehe auch Kapitel 4) und Buchhandlungen sowie Veranstaltungen für Zuhörer ab 10 Jahren, die nicht selten politischen Charakter haben; so gibt es in Berlin seit 1993 ein Kinderliteraturhaus (Weinmeisterstraße 5, 10178 Berlin), in dem sich Autoren zu Themen wie Widerstand im Dritten Reich, Leben der Sinti und Roma oder Probleme nach der Wiedervereinigung äußern.

Ganz abgesehen von der klassischen Lesung versuchen Bibliotheken und Buchhandlungen, mit vielerlei scheinbar «buchfernen» Veranstaltungen zum Lesen zu verlocken. Die Stadtbücherei München zum Beispiel bietet nicht nur Bücher, sondern auch über 7000 Spiele an. Dazu gibt es selbstverständlich ein Verzeichnis, Fachzeitschriften und Spiele-Lexika. Und die Buchhandlung Jansen in Rüsselsheim (die dort als «Bücherhaus» bekannt ist) hat 1991, zur Eröffnung ihres neuen Ladens, fünfhundert Kinder auf eine Rallye durch die Stadt geschickt. Ein paar Tage später hat sie zu Flamenco und Clownerien eingeladen und Liedermacher und Schriftsteller mit Kindern spielen lassen. Ein Jahr darauf versammelte sich eine große Gruppe von Wißbegierigen vor der Buchhandlung, um mit den Autoren des «Kosmos-Buches der Dinosaurier» (Franckh Kosmos), Klaus Peter Craemer und Johannes Christian Rost, zur Dinosaurierausstellung nach Wiesbaden zu fahren. Das Rüsselsheimer Bücherhaus ist mit diesen Aktionen übrigens in der gesamten Bundesrepublik bekannt geworden.

Ebenfalls bundesweit gefragt sind die Informationsveranstaltungen der Heidelberger Buchhändlerin Gabriele Hoffmann (siehe auch S. 85). Sie lädt Gruppen (meist junge Eltern) ein bzw. besucht Kindergärten, denen sie Kinderbücher und Ratgeber vorstellt und denen sie Tips zur Leseförderung gibt. Die Adresse von Gabriele Hoffmann: Gaisbergstr. 87, 69115 Heidelberg, Telefon 0621/183184.

Kapitel 7

Leseförderung nach dem 6. Lebensjahr

Ein Viertel der Kinder, denen regelmäßig vorgelesen wird, entwickelt sich im Laufe der Pubertät und des beginnenden Erwachsenenlebens zum Nichtleser. Wer ist schuld daran? Die Wissenschaftler wissen die Antwort schon lange: Der Kindergarten, der Hort, die Schule und wiederum die Eltern, auch wenn diese meinen, spätestens mit dem Schuleintritt das Ihrige getan zu haben. Denn, so der Literaturwissenschaftler Erich Schön, die «Bereitschaft, sich durch personale Einflüsse zur Lektüre eines Buches anregen zu lassen, sinkt von der Pubertät zur Adoleszenz nur gegenüber Klassenkameraden, bei allen anderen, bei Freunden, Geschwistern, Eltern und Lehrern steigt sie, bei Eltern und Lehrern sogar ganz erheblich». (Eine durchaus überraschende Feststellung!)

Erich Schön hat in seinen Untersuchungen eine «Lese-Lebenskurve» erstellt, die Eltern recht genau zeigt, an wie vielen Punkten Weichen für den Weg eines späteren Lesers oder Nichtlesers gestellt werden: Die Intensität des Lesens steigt nach dem Lesenlernen in der Grundschule zunächst steil an und stagniert im Alter von 9 bis 10 Jahren ein wenig, steigt dann wiederum und hat zwischen 12 und 15 Jahren einen weiteren Höhepunkt. In dieser Pubertätszeit lesen die Kinder suchthaft, und zwar um Probleme zu verarbeiten.

Bettina Hindemith konnte diese Art des Lesens bei ihrem mittlerweile achtzehnjährigen Sohn und ihrer zehnjährigen Tochter beobachten: «Christian versank in diesem Alter immer im Bett, um nichts anderes mehr zu tun, als zu lesen. Und bei Stella läßt sich das jetzt auch schon erkennen. Sie liest zeitweise sehr, sehr viel und dann fast überhaupt nichts außer ‹*Micky Maus*›.»

Hier wird etwas dafür getan, daß das Kind später auch noch gerne liest: Leseecke in einer Kindergruppe.

Mit etwa 16 bis 17 Jahren ergibt sich, so Erich Schön, ein Einbruch in der Kurve, denn jetzt werden Freundschaften und Beziehungen wichtiger für die jungen Menschen. Mit ca. 18 Jahren – in der Adoleszenz, der Zeit des Erwachsenwerdens – nutzt dann ein Teil der Heranwachsenden Bücher zur Bearbeitung der Identitätsproblematik: Sie greifen zur Lektüre (oft auch von Sachbüchern und Trivialliteratur), um etwas über sich selber zu erfahren. Wem es nicht gelingt, Bücher in dieser Art und Weise zu instrumentalisieren, hat ab diesem Alter Schwierigkeiten mit dem Lesen, er empfindet es als von außen herangetragene Anforderung, die nur unter Zwang erfüllt wird.

Das Abc

Vor einem Jahr ging die Kindergartengruppe von Maria Kurku-Sprenger zum Besuchstag in eine nahe gelegene Grundschule. Mit dabei war ihr fünfjähriger Sohn Kristopher: «Es war gerade das Spiel mit dem ‹K› dran. Nun heißt er ja Kristopher mit K. Das fand er unheimlich toll. Seitdem kann er diesen Buchstaben und fragt auch nach anderen. Ich kenne Kinder im Kindergarten, die beherrschen das schon mit vier.»

Ob mit oder ohne Unterstützung der Eltern: Irgendwann zwischen dem vierten und sechsten Lebensjahr entdecken Kinder die Bedeutung der Schrift. Sie beginnen, nach Buchstaben zu fragen, so wie Kristopher, und sie wollen auch wissen, was Verkehrsschilder bedeuten. Bisweilen überfordern sie sogar die geduldigsten Eltern mit ihren Fragen nach Geschriebenem. Fällt diese Phase in die Grundschulzeit, ergeben sich keine Probleme. Tritt sie früher auf, reagieren Eltern verunsichert. Denn sie wissen nicht, ob sie ihren Kindern das Schreiben beibringen sollen oder nicht. Die Antwort der Grundschulpädagogen lautet: Nein, denn ein Kind, das schon schreiben kann, langweilt sich in der Schule. Dem steht entgegen, wie Hilke C. Hein herausgefunden hat (in: «Spielend lesen lernen», rororo Nr. 8810), daß Kinder im Alter von vier bis sechs höher motiviert sind, schreiben zu lernen, als danach.

Wenn Ihr Kind Interesse an Buchstaben zeigt, dann sollten Sie es also vorsichtig unterstützen, aber vermeiden Sie auf jeden Fall, ihm richtigen Schreibunterricht zu geben! Zeigen Sie ihm ruhig Buchstaben, aber lassen Sie es nicht wie in der Schule Hefte voll «A» und «B» malen! Das Buchstabenlernen soll spielerisch geschehen. Und falls Ihr Kind zu denjenigen gehört, die lieber draußen spielen, als «A» und «B» anzuschauen, dann zwingen Sie ihm das auf gar keinen Fall auf. Im schlimmsten Fall wird Ihr Sohn oder Ihre Tochter über Jahre das Lesen- und Schreibenlernen boykottieren.

Es gibt übrigens einige Bücher, die mit der Schrift spielen. Manche enthalten nur die Buchstaben, die zum Beispiel in Form von Tieren dargestellt werden, andere Geschichten rund um das A, das B und das C herum: Der Buchhändler Hans J. Jansen schwärmt von «ABC und alles auf der Welt. Ein Lese-Schatz-Buch» (Ravensburger). Es widmet jedem Buchstaben mehrere Seiten, zunächst eine Doppelseite mit Bildern von Dingen, deren Bezeichnung mit dem jeweiligen Buchstaben beginnt, dann folgen «Wort-Schätze», ein Rätsel, Gedichte und Geschichten.

Endlich selber lesen

Niemand käme auf die Idee, Kinder zu Hause die Fibel lesen zu lassen. Denn die Fibel dient dem Buchstaben-Lernen, aber die Inhalte der kleinen Texte langweilen die meisten Kinder. Um wirklich lesen lernen zu wollen, müssen die Bücher aber spannend sein. Autoren und Verlage wissen das und bieten eine Menge Bücher für die Sechs- bis Siebenjährigen an. Doch bevor Sie dazu greifen: Holen Sie die Bilderbücher der Vorschulzeit noch einmal aus den Regalen! Kinder genießen es, die Texte «ihrer» Bücher jetzt langsam, aber sicher selber entziffern zu können. Und erst wenn ihre Kinder beim Lesen der Bilderbücher einige Sicherheit gewonnen haben, sollten Sie zu den sogenannten «Erstlesebüchern» greifen.

Auch in der 1. Klasse der Kreuzberger Grundschule gibt es eine große Bücherkiste, aus der sich die Kinder bedienen können.

Fast alle Kinderbuchverlage haben eine Reihe mit Erstlesebüchern. Diese sind häufig an einer ganz bestimmten Umschlaggestaltung erkennbar. Darüber hinaus sollten sie folgende Kriterien erfüllen:

- große Schrift,
- großer Zeilendurchschuß (das ist der Abstand zwischen den Zeilen),
- geringer Wortschatz,
- häufige Wortwiederholungen, Reime,
- klar erkennbare wörtliche Rede,
- kurze Sätze,
- kurze Abschnitte,
- eine Sinneinheit (Kapitel) soll möglichst eine Doppelseite umfassen, das ganze Buch sollte eine zusammenhängende Geschichte beinhalten,
- geringe Seitenzahl,
- kleines Format,
- lustige Illustrationen,
- die Bücher sollen Spaß machen und verschiedene Interessen und Fähigkeiten berücksichtigen.

Die Zeitschrift *Eselsohr* hat im Sommer 1993 (Heft 4) Erstlesebücher getestet. Interessenten können sich den empfehlenswerten Überblick schicken lassen (DM 9,– plus Porto, Bezugsadresse siehe Anhang).

Immer noch vorlesen?

Für Bettina Hindemith gab es nie einen Zweifel: Auch als ihre Kinder in die Schule kamen, hat sie ihnen weiter vorgelesen. Und ihre Tochter Stella (10) besteht noch heute auf dem abendlichen Ritual: «Bisher habe ich ihr um 8.00 Uhr abends vorgelesen, wenn sie ins Bett gegangen ist. Jetzt schläft sie später, und deshalb lese ich jetzt, unabhängig vom Ins-Bett-Gehen, nach dem Abendbrot vor.»

Das Ritual hat zweierlei Bedeutung für Stella: Einerseits stellt es die vertraute, beruhigende Situation dar, bei der sie sich darauf verlassen kann, daß ihre Mutter Zeit für sie hat. Andererseits ermöglicht ihr das Vorlesen, mit Büchern in Kontakt zu kommen, die sie selber noch nicht lesen kann, weil sie zu schwer sind. Denn manchmal versucht sie

– ohne Erfolg – die von ihrer Mutter vorgelesenen anspruchsvollen Texte selber zu entziffern: «Ganz deutlich war das kürzlich bei den Märchen von E. T. A. Hoffmann. Die Sprache Hoffmanns ist fast zweihundert Jahre alt, mit teilweise sehr kompliziert gebauten, sehr langen Sätzen. Außerdem enthält sie Worte, die ungebräuchlich geworden sind. Damit hatte Stella beim Vorlesen keine Probleme, denn wenn man vorliest, strukturiert man die Sätze automatisch. Aber als sie versucht hat, selber weiterzulesen, klappte das nicht.»

Manche Eltern fürchten, daß ihre Kinder nicht zum Selberlesen motiviert werden, wenn ihnen weiter vorgelesen wird. Karin Osenbrügge-Küsters Tochter Anne (8) zum Beispiel liest ungern selber. Deshalb haben die Eltern einen Versuch unternommen, sie zur Selbständigkeit zu verlocken: «Mein Mann hat ihr ein Buch mit großer Schrift gekauft, von dem sie immer ein, zwei Seiten zuerst alleine liest, und dann wird ihr der Rest der Geschichte vorgelesen.»

Es gibt noch weitere Möglichkeiten, die Kinder ans Selber-Lesen zu gewöhnen:

– «Anlesen», d. h. Vorlesen der ersten Seiten, läßt Kinder Interesse

Wenn es sich einrichten läßt, kommt jeden Dienstag um 10 Uhr einer der Eltern in diese Kreuzberger Grundschule und liest etwas vor.

am Fortgang der Geschichte entwickeln. Die Eltern müssen den Kleinen die letzten Seiten aber auch tatsächlich überlassen.
- «Gemeinsam-Lesen» macht Kindern großen Spaß. Eltern sollten hierfür eine einfache Geschichte möglichst mit Dialogen auswählen. Absatzweise wechselndes Vorlesen ist ebenfalls möglich.

Auf eines sollten Eltern, deren Kinder selber lesen lernen, vorbereitet sein: Die Fähigkeit der Kinder, alleine Texte entziffern zu können, bedeutet eine Art Abnabelung. Und die fällt Eltern gar nicht immer leicht, wie Bettina Hindemith zu erkennen gibt, wenn sie erzählt, wie ihr Sohn, damals 10 Jahre, sich abnabelte: «Wir lasen gerade Michael Endes ‹Unendliche Geschichte›, als Christian stürzte und ins Krankenhaus mußte. Er lag auf einer Bahre, und wir warteten auf eine Untersuchung – also eine Situation, bei der man denkt: ‹Wie schön, wenn einem Kind dann vorgelesen wird› –, da hat Christian zu mir gesagt: ‹So, nun will ich nicht mehr, daß du mir vorliest.› Und dabei ist es geblieben. Ich habe noch mehrere Anläufe gemacht, aber es war vorbei.»

Es bleibt ein Trost: Das Verhältnis Vorleser–Zuhörer verwandelt sich. Denn aus dem kleinen Kind wird ein Jugendlicher, der selber so von einem Text begeistert sein kann, daß er ihn den Eltern vorlesen will: Bernhard Schöns Sohn Martin, inzwischen 13 Jahre alt, hat «auf dem Flohmarkt hier am Wochenende von Wallraff die Fortsetzung des ‹Aufmachers› entdeckt. Darin liest er jetzt schon zwei Tage und erzählt mir laufend davon. Heute nachmittag hat er mir beinahe eine Stunde daraus vorgelesen», berichtet sein Vater, der es noch vor einigen Jahren sehr bedauert hat, daß er seinem Sohn nicht mehr vorlesen durfte.

Lesen oder Nichtlesen als Protest

Das «Eltern-Medium» Buch wird von Kindern, die bereits lesen gelernt haben, manchmal instrumentalisiert, und zwar als Mittel des Protestes. Das geschieht besonders häufig dann, wenn Eltern ihre Kinder zum Lesen ermahnen. Solche Vorschriften führen dann genau zum gegenteiligen Verhalten – das trifft übrigens genauso für das Fernsehen zu. Auch Bernhard Schöns Sohn, der eigentlich zu den Viellesern zählt, hat seinen Vater schon mit solchem Widerspruch konfrontiert. Wenn Martin zum Beispiel zu ihm kam und sagte: «‹Ich langweil mich!›, und ich sagte: ‹Du mußt ja nicht schon wieder, nachdem du jetzt zwei Stunden am Computer gesessen hast, Fernsehen schauen ... Lies doch. Es sind genug Bücher oben!› Dann kam die Antwort: ‹Die kenn ich alle schon!› Ich habe ihm dann Vorschläge gemacht, aber zu denen hatte er keine Lust. Das hatte natürlich etwas damit zu tun, daß die Vorschläge von mir kamen. Manchmal sagte er auch: ‹Hach, das ist kindisch!›»

Sie müssen auf solche Proteste vorbereitet sein. Da sie Ihren Kindern dazu dienen, Autonomie zu beweisen, sollten Sie auf keinen Fall versuchen, den Widerstand zu brechen und ihre Kinder zum Lesen zu zwingen! Denn dann bewirken sie genau das Gegenteil, und zwar mit nachhaltiger Wirkung.

Kassetten sind geduldig

Auch wenn Sie ein gespaltenes Verhältnis zu Kassetten haben, Kinder lieben sie. Immer und immer wieder lauschen sie ihrem Lieblingsmärchen und ihren Lieblingsliedern – so oft, wie kein Erwachsener sie hintereinander vorlesen oder vorsingen würde. Sie lernen Bücher kennen, die sie später unbedingt selber lesen wollen. Als Leseanfänger können sie Bücher hören, die sie lesetechnisch noch nicht beherrschen. Sie lernen sogar leichter lesen – und es macht ihnen auf diese Weise auch viel Spaß! –, wenn sie ein Buch auf Kassette hören und dabei mitlesen können. Der Kinderbuchautor Paul Maar (der Erfinder des Sams) legt aus diesem Grund Wert darauf, daß seine Geschichten nicht dramatisiert, sondern im ursprünglichen Wortlaut von ihm selber gelesen werden. Die kleinen Zuhörer danken es ihm, indem sie immer wieder nach seinen Kassetten verlangen, insbesondere nach «Das kleine Känguruh auf Abenteuer» (Buch Oetinger, Kassette Modus Vivendi), wie die Buchhändlerin Monika Trapp erzählt: «Erwachsene sagen: ‹Das ist ja langweilig! Passiert denn da nichts?› Die sind diese Action-Kassetten gewöhnt, wo es ständig knallt. Aber Kinder haben ein Ohr für Qualität und setzen sich gerne hin und erleben diese ruhige Erzählung mit.»

Das Kassettenhören birgt letzten Endes aber ähnliche Gefahren wie das Fernsehen: Hören ist leichter als lesen, es kann passiv machen und zur reinen Konsumentenhaltung erziehen. Deshalb müssen Eltern darauf achten, daß die Kassette sich nicht zum Ersatz für das Buch entwickelt, sondern eher zum Buch-Begleiter oder zum Lese-Animateur. Und das Kassettenhören darf auch auf keinen Fall zum Ersatz für das Vorlesen werden.

Denn einen Recorder kann man nichts fragen, ihm kann man nichts erzählen, er beruhigt nicht. Kassetten sollten deshalb eher tagsüber genutzt werden, was dem Bedürfnis der Kinder, vor allem in Gesellschaft von Fremden zu hören, entgegenkommt. Zum Abendritual gehört ein Erwachsener!

Wer Hinweise auf Kassetten – insbesondere Buchvertonungen – sucht, der kann auf zwei Broschüren und ein Buch zurückgreifen:

«Das Buch der Jugend. Bilderbücher – Kinderbücher – Jugendbücher – Sachbücher – Taschenbücher» hat die empfohlenen Titel, zu denen Kassetten lieferbar sind, mit einem entsprechenden Symbol versehen (fast alle Klassiker wie «Momo», «Jim Knopf», «Pippi Langstrumpf», «Robinson Crusoe» usw. sind in den letzten Jahren vertont worden), erhältlich bei: Buchhändler-Vereinigung, Großer Hirschgraben 17–21, 60311 Frankfurt (DM 1,20 plus Porto/Mehrwertsteuer).

Konrad Kallbach (Hg.): «Hören – Lesen – Hören. Kassetten für Kinder. Verzeichnis, Annotationen, Kommentare». Mensch & Leben, Bad Homburg 1992 (erhältlich im Buchhandel) macht deutlich, wie der Kinderkassettenmarkt funktioniert und wie er sich in den letzten Jahren entwickelt hat. Dem schließen sich zahlreiche Kurzrezensionen, unterteilt nach Alter (Vorschulkinder, Grundschulkinder, Dritt- und Viertkläßler) und Themen (u. a. Märchen, Theater, Religion, Lieder und insbesondere vertonte Kinder- und Jugendbücher) an.

Daneben enthalten einige der Kinder- und Jugendliteraturzeitschriften (siehe S. 169 ff) sowie die Elternzeitschrift *spielen und lernen* und das Monatsmagazin für Erzieherinnen, Lehrer und Eltern *klein & groß* (Luchterhand Verlag) Rezensionen zu Kassetten.

Wissenschaftlich beschäftigt haben sich Leo Hansen und Gerd Manzke mit «Hexen und Monster im Kinderzimmer. Ergebnisse einer Befragung zum Gebrauch von Kinder-Hörspielkassetten». Im Anhang findet sich eine kommentierte Liste mit empfohlenen Kassetten. Zu beziehen bei: Robin-Hood-Versand, Küppelstein 36, 42857 Remscheid (DM 14,80 plus Porto).

Micky Maus und Donald Duck

Sobald Eltern feststellen, daß auch ihr Kind zeitweise nur noch Comics liest, werden sie von Panik befallen. Völlig zu Unrecht, wie sich inzwischen herausgestellt hat. Denn Comics werden von den Pädagogen heute als sogenanntes «Einstiegsmedium» angesehen, als Medium, das Kindern den Weg zum Buch nicht verstellt, sondern ebnet. Denn Kinder brauchen – wie die Erwachsenen – eine unterhaltsame Entspannungslektüre, die ihr Bedürfnis nach Bildern befriedigt. So haben Comicelemente Eingang in Schulbücher, in Lernhilfen, in Kinderbücher (wer kennt nicht E. O. Plauens «Vater und Sohn» – Ravensburger –?) und in Kinderzeitschriften gefunden.

Daneben erzählen Comicautoren klassische Stoffe neu, wie Alfred von Meysenbug das Märchen «Däumling» (Eichborn). Er wurde dafür sogar 1992 mit dem «Rattenfänger-Literaturpreis» (s. S. 179) der Stadt Hameln ausgezeichnet. Meysenbug verwendet Symbole aus der

Der Heimweg von der Schule ist lang. Vorbei an einem Kiosk und quer durch eine andere Welt ...

heutigen Zeit für das Märchen; so stehen schwarze Schaftstiefel (Attribut der Skins) für Macht und eine Ratte (Attribut der Punks) für Klugheit. Je nach Perspektive – ob aus derjenigen des Däumlings oder derjenigen des Riesen – erscheint die Welt groß oder klein. Die Zeichnungen vermitteln das Erzählte sehr überzeugend.

Trotz aller Argumente für Comics versuchen viele Eltern weiterhin, ihre Kinder vom Comiclesen abzuhalten. Die Kleinen sind in diesem Fall gar nicht so klein, denn sie spüren diese Manipulationsversuche, wie es der dreizehnjährige Martin Schön seinem Vater kürzlich demonstriert hat. Denn als dieser sich über den plötzlichen Wissenszuwachs seines Sohnes wunderte und ihn fragte, woher er das Behauptete wisse, bekam er die Antwort: «Tja, *Micky Maus*-Leser wissen mehr!» – «Disney integriert seit einiger Zeit Fantasyelemente in seine Geschichten», erklärt Bernhard Schön, «da ist dann Micky Maus plötzlich während des Zarenreiches in Rußland, Napoleon versucht, Moskau einzunehmen, und Moskau brennt. Nach der Lektüre des Heftes wußte Martin also, daß Moskau gebrannt hat. Er grinst mich ein bißchen maliziös an, wenn er das erzählt, denn er weiß natürlich, daß das nicht gründlich recherchiert wurde, und sagt: ‹Ja, ja. Die wissen schon, warum sie das da reinbauen: Damit die Eltern beruhigt sind!›»

Väter und Mütter sind trotz solcher Wissensvermittlung in Comics besorgt. Denn Kinder greifen eher wahllos in die Comic-Kiste der Buchhandlung oder Bibliothek und kaufen am Kiosk nach den Empfehlungen von Freunden, die genausowenig informiert sind wie sie selber. Deshalb sollten Eltern versuchen, ihren Kindern qualitativ hochwertige Comics nahezubringen.

Die Buchhändler Hans J. Jansen und Monika Trapp plädieren für den Comic-Klassiker «Tim und Struppi», und zwar wegen der eindeutigen Art der Illustration und vor allem deshalb, «weil die Figuren in ganzen Sätzen reden. Man kann also nicht nur die Bilder anschauen und versteht die Geschichte, sondern man muß den Text dazu lesen. Andere Comics kommen häufig mit ‹knall, bumm und bäng› aus», so Monika Trapp, «und dann bieten die Texte ja auch ein großes Vergnügen. Der Autor Hergé versteht es, abenteuerliche, spannende Geschichten zu erzählen, und er hat seinen Tim so angelegt, daß jeder sich damit identifizieren kann, egal ob Junge oder Mädchen.» Ihr Kollege Hans J. Jansen ergänzt: «Mit ‹Tim und Struppi› kann man lesen lernen. Denn es gibt ja Kinder, die wirklich leseschwach sind, die dann über die Bildfolge viel leichter in den Text einsteigen können. Aber es sind nicht nur Kinder ab sechs oder sieben, die Vergnügen an ‹Tim und Struppi› haben, sondern auch Erwachsene!»

Folgende Gesichtspunkte können Ihnen bei der Comic-Auswahl helfen: Sprechen die Personen in ganzen Sätzen? Gibt es geschlechtsspezifische Vorurteile? Werden die Personen als auswechselbare Typen dargestellt oder als Charaktere mit persönlichen Eigenschaften? Stehen brutale Action-Szenen im Vordergrund, oder handelt es sich um eine bebilderte Kinderbuch-Geschichte?

Comics sind wie kaum eine Literaturform geeignet, Kinder zum kreativen Umgang damit anzuregen. Hier einige Vorschläge; Grundschulkinder können zum Beispiel:

- einen Comic in eine geschriebene Erzählung umformen;
- selber Comics machen, indem sie eine Kinderbuchgeschichte oder eine erfundene Erzählung umsetzen;
- Comicfiguren ausschneiden und damit eine neue Geschichte kleben;
- Anfang, Ende oder Mitte eines Comics neu erfinden;
- sich selber als Figur in einen Comic einbauen.

Wer lieber lesen als kleben oder erfinden mag, der sucht vielleicht Empfehlungen für Comics. Auch diese gibt es natürlich:

Schenk mir ein Buch, Nr. 62 mit Kurzhinweisen, zu beziehen bei: Stiftung Lesen, Fischtorplatz 23, 55116 Mainz (DM 1,– plus Porto);

«Das Kinderbuch» enthält ein Kapitel «Bildergeschichten und Comics», das ausführlich mit Altersangabe empfehlenswerte Titel vorstellt. Da sich die Rezensenten von den Reihen nur jeweils einen Titel vorgenommen haben, gibt das Kapitel einen guten Überblick über den derzeitigen Comicmarkt. Erhältlich bei: Arbeitskreis für Jugendliteratur, Schlörstraße 10, 80634 München (DM 12,– plus Porto).

Die Alternative zu Comics – Kinderzeitschriften

Erwachsene lesen Zeitschriften, darüber machen sie sich keine Gedanken. Sie erfüllen sich damit das Bedürfnis nach – mehr oder weniger – intelligenter Unterhaltung. Auch Kinder haben den Wunsch, das ein oder andere Kurzweilige in Papierform geboten zu bekommen.

Nur wollen das die Erwachsenen nicht, denn Kinder sollen «richtige Bücher» lesen. Leider wird dabei vergessen, daß Kinderzeitschriften genau die Lücke zwischen «richtigem Buch» und Comic füllen und nur die Inhalte anders aufbereitet sind als im Buch.

Der Markt für Kinderzeitschriften ist unüberschaubar. Zu fast jeder beliebten Kinder(fernseh)sendung gibt es eine begleitende und ergänzende Zeitschriftenreihe an den Kiosken. Viel weniger bekannt, aber qualitativ hochwertiger sind die Zeitschriften, die Kinderbuch- und Zeitschriftenverlage anbieten. Sie müssen dort bestellt werden, und das ist für viele Eltern der größte Hinderungsgrund, ihren Kindern ein solches Magazin zu beschaffen. Dabei machen es ihnen die Verlage leicht: Fast alle bieten an, kostenlose Probeexemplare zu verschicken. Vielleicht nutzen Sie einmal diese Gelegenheit!

Informationen über «Kinder- und Jugendzeitschriften» erhalten Sie in der gleichnamigen Broschüre beim Deutschen Jugendschriftenwerk, Fischtorplatz 23, 55116 Mainz (kostenlos), und im Anhang VI. Die empfehlenswerten Kinderzeitschriften bieten alle ein flottes Layout, sind mit Zeichnungen und Fotos farbig illustriert und regen zum Lesen an. Einige enthalten sogar Rezensionen von Kinder- und Jugendbüchern.

«Vorlese»-Bücher für Ältere

Wer hier Tips für «Vorlesebücher» erwartet, wird enttäuscht. Denn Kinder zwischen 6 und 10 wollen oft anderes hören als kurze, unzusammenhängende Geschichten. Sie lauschen gespannt, wenn es um Phantastisches wie von Michael Ende oder Roald Dahl geht, und sie beginnen sich sogar dafür zu interessieren, was zur Zeit des Nationalsozialismus in Deutschland geschah. Was Kinder «verkraften», läßt sich nicht pauschal sagen, was beim einen Kind das Interesse befriedigt, ängstigt das nächste. Hier bleibt Eltern nur auszuprobieren, wieviel sie ihrem Kind zumuten mögen und können.

Klarwerden müssen sich die Vorlesenden auch darüber, daß es Bücher gibt, die wenig «elternfreundlich» sind, d. h., die die Worte (wie es Kinder selber tun) verdrehen, freche und böse Kinder und eine ganz und gar nicht heile Phantasiewelt zeigen und das noch nicht einmal moralisch verurteilen. Die Kinder lieben solche Bücher, denn sie dienen ihnen zur Verarbeitung vieler – von den Eltern häufig negier-

Diese Erstkläßler haben sich ihr eigenes «Gruselbuch» geschaffen. Jedes Kind steuert ein oder zwei Sätze zu der Geschichte bei, und anschließend wird der Text illustriert.

ter – Phantasien. Janosch und Roald Dahl schreiben solche Bücher. In Dahls «Sophiechen und der Riese» (rororo rotfuchs Nr. 582) – ein Lieblingsbuch von Stella Hindemith – geht es beispielsweise um «Kanniballer und Knochenknackerriesen» und um im Glas gefangene Träume wie «Todesangst-Schocker, Borstenbuckler und Folterkreischquäler». Aber glücklicherweise gibt es auch noch einen Guri (Guten Riesen), der der Hauptfigur des Buches, Sophiechen, hilft, die Bösen zu besiegen. Was den Kindern mindestens ebenso viel Spaß macht wie die Geschichte, sind die vielen «verbotenen Worte» (vor allem Flüche) und die Wortspielereien, wenn zum Beispiel der Guri zu Sophiechen sagt: «So eine grünschnabelige Schnatterbacke wie du darf doch nicht nervensegeln mit einem weisen Greisen ...»

Ebensolches findet sich in «Lari Fari Mogelzahn» (Beltz & Gelberg) von Janosch, das gleich auf der zweiten Textseite Lari Fari «mit dem auswechselbaren Lügengebiß» vorstellt: «Mit dem Löwengebiß, mit dem Riesensteinbeißergebiß, mit dem Fuchsfanggebiß und noch hundert anderen Zähnen, die er früher auswechseln konnte ...» Kinder amüsieren sich glänzend über solche Wortspielereien und noch viel mehr darüber, daß eine solche Passage jeweils endet mit «Wenn das bloß nicht gelogen ist!»

Das Thema Tod

«Die Brüder Löwenherz» hat Anne (8) sehr beeindruckt. «Sie hat sogar nachts davon geträumt», erzählt ihre Mutter, «ich habe dann das letzte Kapitel heimlich am Abend des vorletzten Kapitels gelesen, einmal aus Neugier, das gebe ich zu. Und zum anderen, um herauszufinden, ob das Kind das Ende erträgt. Denn sie hat sich so stark damit beschäftigt, daß sie ständig – auch noch lange nach dem Vorlesen – danach gefragt hat. Und immer wieder hat sie die Geschichte, die ein offenes Ende hat, weitergesponnen. Es geht darum, daß zwei Brüder sterben und in ein Land kommen, in dem alles ganz toll sein soll, das hat der große Bruder dem kleinen auf jeden Fall versprochen. Aber die Bösen in dem anderen Land lassen wieder Gute sterben, die dann wieder in ein anderes Land kommen, von dem der große Bruder dem kleinen erzählt hat ... Anne und ich haben dann zusammen ein Ende gefunden, mit dem sie nach einigem Überlegen zufrieden war: daß nämlich die Bösen entweder gut werden oder wiederum in ein anderes Land kommen.»

Abenteuerlust

Das Übergewicht liegt bei der Phantasie, aber die Historie spielt auch eine Rolle – in den Abenteuerromanen Tonke Dragts (alle Beltz & Gelberg), die bei Martin Schön so beliebt sind. So geht es in «Das Geheimnis des siebten Weges» um einen jahrhundertealten Schatz, und in «Der Wilde Wald» und «Der Brief für den König» tummeln sich Ritter, Räuber, Reiter und Spione. Die Romane sind vor allem eines: nämlich spannend, und darauf kommt es im Grundschulalter und noch einige Jahre danach besonders an.

Hilfe bei der Suche nach solchen spannenden Büchern bietet eine Broschüre der Deutschen Akademie für Kinder- und Jugendliteratur: «Abenteuer. Klassische und moderne Abenteuerbücher aus aller Welt». Sie ist zu beziehen bei: Buchhändler-Vereinigung, Großer Hirschgraben 17–21, 60311 Frankfurt (DM 2,50 plus Porto/Mehrwertsteuer).

Ungefähr zwischen 8 und 9 Jahren entwickeln Kinder Interesse an Sagen. Bettina Hindemith hat kürzlich versucht, ihrer Tochter die «Sagen des klassischen Altertums» vorzulesen. Sie dachte eigentlich, das ginge schief, «aber im Gegenteil, Stella konnte gar nicht genug davon kriegen, obwohl es die Schwab-Übertragung war, die sprachlich für sie eigentlich noch zu kompliziert ist». Den meisten Eltern sind die griechischen Sagen in der Schwabschen Fassung vertraut. Heute gibt es neben dieser Übertragung auch noch andere, zum Beispiel von dem Schriftsteller Johannes Bobrowski (Altberliner Verlag, 3 Bände), der Schwabs Text gekürzt, aber kaum verändert hat.

Nach Sagen befragt, empfiehlt die Buchhändlerin Monika Trapp die Nacherzählungen deutscher Heldensagen von Willi Fährmann: «Dietrich von Bern», «Elsa und der Schwanenritter», «Siegfried von

Schreiben lernen eröffnet eine andere Möglichkeit der Kommunikation: Schülerinnen einer 1. Klasse überreichen ihrer Lehrerin einen «Liebesbrief».

Xanten», «Kriemhilds Rache», «Gudrun», «Wieland der Schmied» (alle Thienemann).

Es war einmal – aber nicht im Märchen

In den Jahren zwischen 6 und 10 gerät auch die Geschichte ins Blickfeld. Kinder wollen genau wissen, wie die Menschen früher gelebt haben. Martin Schön hat in diesem Alter «Es stand einst eine Burg» (dtv) geschenkt bekommen. Es schildert – mit zahlreichen Zeichnungen versehen –, warum und mit welchen Mitteln eine Burg entstand. Zwar gab es in Wirklichkeit weder Lord Kevin noch seine Burg noch die Stadt, in der sie entsteht, aber die Erzählung basiert auf historischen Tatsachen, ist also wissenschaftlich recherchiert.

Weitere Kurzhinweise gibt die Broschüre «Geschichte. Romane – Erzählungen – Sachbücher» der Deutschen Akademie für Kinder- und Jugendliteratur e. V. Bezugsadresse: Buchhändler-Vereinigung, Großer Hirschgraben 17–21, 60311 Frankfurt (DM 2,50 plus Porto/ Mehrwertsteuer).

Die Zeit des Nationalsozialismus

«‹Wer nicht weg ist, wird gesehn› (Sauerländer) ist das erste Buch zum Thema Nationalsozialismus, das ich Stella (10) vorgelesen habe. Sie wußte schon vorher, wer Hitler war, daß er die Juden verfolgt hat und daß ihr Großvater Jude ist. Aber wir hatten uns bis dahin nicht intensiv mit dem Thema beschäftigt. Was sie am meisten beeindruckt hat, ist die Situation, als dieses Mädchen und ihr Bruder von den Erwachsenen, die sie verstecken, neue Namen erhalten. Denn das ist ein Identitätsverlust, und das hat Stella auch so verstanden.»

Stella wollte nach dem Vorlesen dieses Buches (in dem Ida Vos ihre eigene Geschichte eines jüdische Mädchens, das vor fünfzig Jahren lebte, aufschrieb) sofort mit ihrer Mutter darüber sprechen: «Sie hatte wenige Fragen, sie mußte einfach noch einmal wiederholen, was sie gehört hatte» – wie um sich zu vergewissern, daß das wirklich stimmt, was ihre Mutter ihr da vorgelesen hat.

Ein weiteres beeindruckendes Buch über die Zeit des Nationalsozialismus ist Lisa Tetzners «Die Kinder aus Nr. 67» (Sauerländer, dtv), das aus neun Bänden besteht und in den Jahren von 1944 bis 1949 in der Schweiz erschienen ist. Im Mittelpunkt der Geschichte steht eine

Kinderbande aus einem Berliner Mietshaus (Nr. 67). Erwin, Paul, Mirjam und Lukas haben verschiedene Schicksale: Erwin flieht nach Skandinavien, wird dort Mitglied einer Widerstandsgruppe und kehrt nach 1945 ins zerstörte Berlin zurück. Auch Mirjam und Lukas fliehen, und zwar in die Schweiz, von wo aus Mirjam ihre Freunde nach dem Krieg einlädt. Paul hingegen entwickelt sich – zumindest zeitweise – zum überzeugten Hitlerjungen. «Die Kinder aus Nr. 67» eignet sich weniger zum Vorlesen als zum Selberlesen, aber Eltern sollten ihren Kindern nach der Lektüre der neun Bände unbedingt Gelegenheit geben, darüber zu sprechen.

Rechtsradikalismus

Skin wird man nicht mit sechs, sondern eher mit sechzehn, aber die Bereitschaft, rechtsradikales Gedankengut zu übernehmen, entsteht schon früher. Denn ein geistiges Klima, in dem Ausländer nur den Platz des negativen Fremden einnehmen können, schafft eine solche Prädisposition und Vorurteile. Eltern sollten früh damit beginnen, ihren Kindern Toleranz zu lehren. Bücher sind da gute Hilfsmittel, denn sie können auf eindrückliche Weise das Fremde nahebringen.

Nicht erst seit den Anschlägen von Mölln und Solingen gibt es Titel, die sich mit «fremden Welten» beschäftigen, aber seit den brutalen Attacken auf Ausländer in der Bundesrepublik haben sich Buchhändler, Verlage und Autoren der Kinder- und Jugendbuchszene vermehrt darum bemüht, diese Bücher ins Bewußtsein der Eltern zu bringen. So sind neben den zahlreichen Buchneuerscheinungen zum Thema auch einige neue Empfehlungsbroschüren entstanden bzw. vorhandene aktualisiert worden.

Anna Katharina Ulrich (*Neue Zürcher Zeitung*) weist auf eine Schweizer Buchreihe und zwei Schweizer Broschüren hin, die ohne Einschränkung auch in der Bundesrepublik und in Österreich Verwendung finden können:

«Reihe BAOBAB – Kinder- und Jugendbücher aus Afrika, Asien, Australien und Lateinamerika», herausgegeben vom Kinderbuchfonds Dritte Welt Basel (bis 1993 bei Lamuv, ab 1994 Nagel & Kimche). Die Reihe will Kindern und Jugendlichen sachlich korrekte und Einfühlung vermittelnde Informationen über Leben und Probleme von Menschen in außereuropäischen Kulturen geben.

«Fremde Welten. Kinder- und Jugendbücher zum Thema Dritte Welt und ethnische Minderheiten, empfohlen von den Lesegruppen der Erklärung von Bern» ist eine regelmäßig aktualisierte Empfehlungsliste mit Büchern über Afrika, Asien, Südostasien, Australien, Lateinamerika, Nordamerika und Europa, die sehr ausführlich, mit Altersangaben und mit einer Unterscheidung von Belletristik und Sachbuch, kommentiert werden. Hinter der «Erklärung von Bern» steht eine Gruppe von Schweizer Theologen, die parteipolitisch und konfessionell unabhängig sind und sich als Lobby für die Interessen der Unterdrückten in der Dritten Welt einsetzen. Bekannt wurden sie unter anderem mit der Aktion «Jute statt Plastik». Bezugsadresse: Erklärung von Bern, Postfach 177, CH-8031 Zürich (DM 10,– plus Porto).

«Im andern Land. Kinder- und Jugendbücher als Verständigungshilfe zwischen ausländischen und Schweizer Kindern», herausgege-

In der Bibliothek finden die beiden Freundinnen Sachbücher und Romane zum Thema Ausländer.

ben vom Schweizerischen Jugendbuch-Institut Zürich, enthält Titel über die Problematik von Einwandererkindern, deren Familien und Herkunftskulturen in Industrieländern wie Schweiz, Österreich und Bundesrepublik. Die ausführlichen Kommentare (mit Altersangabe) gliedern sich in spezifische Buchaussagen, Bewertung, Sprache, Bilder, Verwendungsmöglichkeiten (wie Vorlesen, Nacherzählen, Gespräche, Sach-Informationen). Außerdem gibt die Broschüre Eltern, Erziehern und Lehrern Hinweise auf zweisprachige Bücher und Sekundärliteratur. Bezugsadresse: Schweizerisches Jugendbuch-Institut, Zeltweg II, CH-8032 Zürich (sFr 16,80 plus Versand) und über den Buchhandel (hier bitte beim Buchhändler angeben: Verlagsauslieferung Dr. A. Scheidegger, CH-8910 Affoltern a. A.).

Einige bundesrepublikanische Broschüren sind hier noch zu ergänzen:

«Grenzüberschreitungen. Kinder- und Jugendbücher zum Thema Fremdenhaß und Ausländerfeindlichkeit». Zusammengestellt haben die mit Altersangaben versehene kommentierte Liste die «Frauen vom Kinderbuchladen», die in ihrem Vorwort schreiben: «Brandanschläge auf Wohnheime ausländischer MitbürgerInnen und Bundestagsdebatten über Asylpolitik prägen die Medienlandschaft unserer Tage. Worte sind keine Waffe gegen Brandsätze. Worte können aber dort wirken, wo die Saat der Gewalt gelegt wurde, noch im Keimen begriffen ist ...» Das heißt, schon die Dreijährigen können das Andersartige verstehen lernen und neugierig gemacht werden auf Unbekanntes. Zu beziehen bei: Kinderbuchladen, Birkenstraße 86, 40233 Düsseldorf (DM 5,– plus Porto in Briefmarken).

«Daheim in der Fremde. Multikulturelle Gesellschaft in der Kinder- und Jugendliteratur» beschäftigt sich in ausführlichen Kommentaren mit Vertreibung, Verfolgung und Integration in verschiedenen Kulturen und Zeiten. Der Arbeitskreis für Jugendliteratur unterscheidet bei den Rezensionen genau die Gattung, die Art der Problematik, Land und Kultur sowie die Zielgruppe. Interessierte finden hier auch Empfehlungen für Filme, Videos, Theaterstücke und Fachliteratur. Erhältlich bei: Arbeitskreis für Jugendliteratur, Schlörstraße 10, 80634 München (DM 3,– plus DM 3,– Porto, entweder in Briefmarken oder als Überweisung nach Zusendung).

«Wie Alicia und Kariuki den Riesen Turramulli besiegen. Empfehlenswerte Kinder- und Jugendliteratur zum Thema ‹Dritte Welt›» wird von der Gesellschaft zur Förderung der Literatur aus Afrika,

Asien und Lateinamerika e. V. herausgegeben, stellt ausführlich auch Bücher zum Thema schon für das Vorschulalter vor. Die Broschüre wird ergänzt von «Guck mal übern Tellerrand. Lies mal, wie die andern leben. Magazin rund ums Dritte-Welt-Kinder- und Jugendbuch», das jährlich erscheint und informierende Artikel und spannende Buchauszüge enthält (Liste und Broschüre zusammen für DM 3,– in Briefmarken erhältlich bei: Gesellschaft zur Förderung der Literatur aus Afrika, Asien, Lateinamerika e. V., Reineckstr. 3, 60313 Frankfurt, größere Mengen bei: Buch & Medienvertrieb, Schülkestr. 3, 42277 Wuppertal). Von «Guck mal übern Tellerrand!» gibt es eine Buchzusammenstellung, erschienen im Peter Hammer Verlag, der sich auch sonst durch ein engagiertes Programm in dieser Richtung auszeichnet.

Zumindest zwei konkrete Buchhinweise sollen hier nicht fehlen. Die Titel sind eigentlich für Jugendliche, aber wenn sie vorgelesen werden, können sie auch schon Zehnjährigen und ihren Eltern als Gesprächsanreiz dienen: «Schwarzer, Wolf, Skin» (Thienemann) erzählt die Geschichte eines Jungen, der zum Skin wird. Er ist «stolz, ein Deutscher zu sein», er spürt Verbundenheit und Stärke in der Gruppe, er will «Zoff». Das, was hier aus dem «Innenleben» einer Skinheadgruppe berichtet wird, stellt aber nur die eine Seite dar. Die andere sind die Angegriffenen, die in «Wir leben hier! Ausländische Jugendliche berichten» (Alibaba) zu Wort kommen. An 33 Beispielen erfahren die Leser, warum die jungen Menschen in die Bundesrepublik gekommen sind, was sie und ihre Eltern sich davon erhofften und welche Erfahrungen sie gemacht haben.

Kapitel 8

Leseförderung in Kindergarten und Schule

Tips und Informationen für Eltern, die es wissen wollen

Leseförderung im Kindergarten

Kinder verbringen heute einen großen Teil ihrer Zeit in Kindergärten, bei der musikalischen Früherziehung, beim Ballett usw. Dennoch bleibt die Familie auch in Zukunft für Kinder das primäre Handlungs- und Erfahrungsfeld für den Umgang mit Medien, wächst Eltern die Aufgabe zu, ihre Kinder zum Lesen zu verführen. Kindergarten, Schule und Bibliothek bauen dann auf der familiären Leseerziehung auf und machen flankierend oder begleitend zur elterlichen Leseerziehung Angebote für Lesefreude und Lesefertigkeit.

Das aber geht nicht ohne die aktive Unterstützung der Eltern. Hierbei gilt es zu berücksichtigen, daß Buch und Fernsehen, Kassetten, Videorecorder, Zeitungen, Zeitschriften, Computer und Walkman natürliche Bestandteile des kindlichen Medienalltags sind, und es nicht darauf ankommt, das eine gegen das andere auszuspielen, sondern Vor- und Nachteile der Medien aufzuzeigen. Gerade dem Kindergarten, welchen fast alle Kinder in Deutschland besuchen, kommt dabei eine wichtige Funktion zur Fortführung der in der Familie geschaffenen Lesemotivation zu. Andererseits muß davon ausgegangen werden, daß nicht alle Kinder in einem lesefreundlichen Elternhaus groß werden, und die Beschäftigung, etwa mit Bilderbüchern, die Vermittlung des Spaßes am Betrachten und Erzählen erst geschaffen werden muß.

Drei Beispiele:

«Montagsalltag»
Sebastian stört ständig die Gruppe. Er ist immer so unruhig, zappelig. Wenn er spielt, ist er meistens Cowboy oder Indianer oder Batman. Dann bewaffnet er sich mit einem Stock und bedroht andere Kinder. Manchmal fängt er auch an, mitten in der Gruppenstunde zu raufen. Montags ist es besonders schlimm, da kann ich mit der ganzen Gruppe kaum etwas anfangen, so unkonzentriert sind die!
(Bericht einer Erzieherin im Kindergarten)

«Samstags bei uns»
Also mein Papa, der schaut erst Sport. Meine Mama, die guckt meistens Filme. Wir sitzen abends alle auf der Couch. Meine Mama hält mich lieb. Ich darf lange aufbleiben. Manchmal hab ich Angst. Ich mach die Augen zu. Wenn ich nachts wach werde, darf ich bei Mama und Papa schlafen.
(Bericht eines fünfjährigen Kindes)

«Haste schon»
Also den Dino, den find ich toll. Ich habe viele Dinobücher. Mama liest mir daraus vor. Manchmal kommt er auch im Fernsehen, dann darf ich gucken. Ich hab auch Kassetten mit Dinogeschichten. Einen Stoffdino hab ich auch. Am schönsten ist es, wenn ich mit meinem Dino spiele, meistens auf dem Flur, dann sitzen Mama und Papa mit mir auf dem Boden, und wir denken uns was aus.
(Sebastian, 6 Jahre alt)

Drei Kinder, drei Erfahrungen, drei Beispiele dafür, wie unterschiedlich Kinder in den Kindergarten kommen, wie vielfältig der Umgang mit Medien in der Familie ist.

Der Kindergarten hat es also gar nicht so leicht, seiner pädagogischen Verantwortung in der Medienerziehung gerecht zu werden. Da gibt es die einen, die schon «Fernsehprofis» sind, die anderen, die einen großen Teil ihrer Zeit mit Spielen verbringen. Rund 2 ½ Stunden pro Tag beschäftigen sich Kinder im Alter von drei bis sechs Jahren mit Medien.

Erkennen, Beobachten, Basteln, Malen, Musizieren oder mit Gleichaltrigen spielen kommt dabei für viele Kinder oft zu kurz – eine Aufgabe, der sich der Kindergarten in besonderem Maße stellen muß. Eltern, die ihren Kindern vorlesen, die spielen und möglichst viele Alternativen zum Fernsehen anbieten, helfen also dem Kindergarten bei seiner Arbeit, Chancengleichheit für jene Kinder herzustellen, die im Elternhaus wenig Spiel- und Leseanreize bekommen.

Was können Eltern tun?

Ohne die Mitarbeit der Eltern ist eine erfolgreiche Leseförderung im Kindergarten nicht möglich. Leseförderung meint nicht etwa das Erlernen des Lesens vor der Schule. Es geht vielmehr darum, den Spaß beim Umgang mit Bilderbüchern, Worten, Sätzen und erzählten Geschichten zu vermitteln. Ausgangspunkt hierfür sind Erlebnisse, die vom Kinderreim oder Kinderlied ausgehen, sich in Geschichten fortsetzen und in Rollenspielen und erfundenen Handlungen ihren Niederschlag finden. Dieses «Probehandeln im Kopf» ist eine entscheidende Voraussetzung für Kreativität und Phantasie – und immunisiert gegen die Verführungskraft des Fernsehens.

Übrigens Fernsehen: Es ist wohl eines der heikelsten Themen für Erzieher und Eltern, und immer, wenn es um Fragen der Leseerziehung im Kindergarten geht – sei es beim Elternabend oder bei Gesprächen mit Erziehern –, haben Eltern und Erzieher Schwierigkeiten, damit umzugehen. «Schuldgefühlen» auf seiten der Eltern stehen häufig «Schuldzuweisungen an das Fernsehen» auf seiten der Erzieher gegenüber. Elternabende zum Thema «Fernsehen» werden z. B. häufig von jenen Eltern nicht besucht, die es betrifft, Erzieher und Erzieherinnen scheuen sich oft, das Thema aufzugreifen, «wo es doch eh schon eine so große Rolle spielt» (siehe Beispiel «Montagsalltag»). Anlaß genug, miteinander zu reden.

Voraussetzungen für die Leseförderung schaffen

Der Kindergarten lebt vom Engagement der Eltern. Nicht nur Kindergartenfeste, kleinere Reparaturen, der Besuch des Elternabends oder das Gespräch beim Abholen des Kindes dürfen für dieses Engagement stehen.

Gerade in der Leseförderung geht es um mehr. Die Stiftung Lesen führte 1992 eine Befragung bei 100 Kindergärten zum Thema Leseförderung durch. Wie sich z. B. zeigte, gaben knapp die Hälfte aller Kindergärten an, keinen jährlichen Etat für die Anschaffung von Medien – eben auch Bilderbücher – zu haben, wobei dennoch rund 300 Kinderbücher pro Einrichtung vorhanden sind. Das Bilderbuch wird von 80 Prozent der Erzieherinnen in der Gruppenarbeit eingesetzt, wobei die Erzieherinnen davon ausgehen, daß viele Kinder zu Hause keine eigenen Bücher haben.

Was sind die Hauptprobleme in der Medienerziehung aus Sicht der Erzieher/innen? 65 Prozent sind der Ansicht, ein Großteil der Probleme liege im Elternhaus, wo kein kritischer Umgang mit Medien gepflegt, Medienverhalten nicht aufgearbeitet und/oder die Kinder beim Fernsehen allein gelassen würden. Zuviel Fernsehen und zuwenig Leseerziehung im Elternhaus steht als Vokabel für die Kritik am Erziehungsverhalten der Eltern. Ganz konkret sehen die Erzieher/innen aber Verbesserungsmöglichkeiten für die medienpädagogische Arbeit im Kindergarten, bei denen sie auf die Unterstützung der Eltern hoffen. Hierzu gehören z. B.:

- Mehr Informationen über die Möglichkeiten der Medienerziehung von Kindern in Form von Elternabenden, Gesprächs- und Arbeitskreisen.
- Verbesserung der institutionellen Ausstattung in Form von Büchern, Zeitschriften, Gerät für medienerzieherische Zwecke.
- Bessere Nutzung der Informationen zum Kinder- und Jugendbuchmarkt durch Orientierungshilfen/Buchvorstellungen.
- Mehr Gespräche mit Eltern über die häusliche Medienerziehung.

Ein breites Feld für das Engagement der Eltern wie der Erzieher/Erzieherinnen – zu welchem in den vorangegangenen Kapiteln eine Reihe von Hinweisen, Tips und Ratschlägen gegeben werden. Seien es Hinweise auf Orientierungshilfen zum Kinder- und Jugendbuchmarkt, geeignete Hörfunk- und Fernsehsendungen oder Hinweise auf Organisationen und Vereine, die weiterhelfen können. Wichtig ist, in gemeinsamen Gesprächen mit dem Kindergarten herauszufinden, «wo der Schuh drückt». Hierzu könnten etwa folgende Fragen gestellt werden:

- Welche Formen der Leseförderung werden bereits von den Erziehern/innen praktiziert? Wie regelmäßig geschieht dies? Zu welchen Themen und Anlässen?
- Welche Voraussetzungen hat der Kindergarten hinsichtlich seiner Medienausstattung? Hat er Bilderbücher, Fachliteratur/Fachzeitschriften zum Thema?
- Wie oft wird vorgelesen? Gibt es regelmäßige Vorlesestunden? Haben die Kinder uneingeschränkten Zugang zu Büchern?
- Wie häufig hat sich der Kindergarten mit dem Thema Lesen/Fernsehen beschäftigt? Welche Formen der Zusammenarbeit mit Eltern

zu diesen Themenkomplexen wurden erprobt, und wie sind diese einzuschätzen? Wo liegen die Probleme, und wie können gemeinsam Lösungen gefunden werden? Welche neuen Formen der Elternarbeit ließen sich erproben?
- Kooperiert der Kindergarten mit Büchereien/Bibliotheken, um die Vielfalt der Kinder- und Jugendbücher aufzeigen zu können? Finden regelmäßige Besuche von Kindergartengruppen in Bibliotheken/Büchereien/Buchhandlungen statt?

Je nach örtlichen Gegebenheiten werden sich auf diese oder ähnliche Fragen Grundlagen für eine Leseförderung im Kooperationsverbund Elternhaus/Kindergarten ergeben, auf die aufgebaut werden kann.

Unabhängig davon listen wir ein paar Ideen für die Leseförderung im Kindergarten auf – mit der Bitte um Ergänzung!

Vorschläge für die Leseförderung im Kindergarten

Vorlesestunden für Kinder

Ob im Kindergarten selbst, in örtlichen Büchereien oder in der Nachbarschaft ihres Wohngebietes – eine regelmäßige wöchentliche Vorlesestunde für Kinder bietet vielfältige Möglichkeiten. Unter Federführung des Kindergartens können Räumlichkeiten gesucht, Termine koordiniert und geeignete Lesestoffe für Kinder ausgewählt werden. Geschichten über Tiere, Berufe usw. ergänzen/flankieren die Arbeit des Kindergartens, und wenn sich dazu noch zwei bis drei «Mittäter/innen» finden, ist die zeitliche Belastung nicht allzu groß. Einmal im Monat – «Mehr Zeit für Kinder» – läßt sich doch machen, oder?!

Senioren lesen für Kinder

Wie wichtig der Dialog für die kindliche Entwicklung ist, steht außer Frage. Aber wenige Kinder haben heute noch die Gelegenheit, ihre Großeltern in der eigenen Familie zu erleben. «Erzählte Geschichten» aus dem wirklichen Leben sind zudem allemal spannender als die Wirklichkeit des Fernsehens. Für diese Form der regelmäßigen Vorlesestunden im Kindergarten lassen sich sicherlich aus der Großelternschaft des Kindergartens geeignete Personen finden, die an Hand von Bilderbüchern oder aber z. B. Zeitungsausschnitten Zeitgeschehen vermitteln können. Die Mondlandung etwa, illustriert mit Fotos aus dieser Zeit, dürfte auf großes Interesse stoßen. Ortsgeschichte, eventuell in Kooperation mit dem Geschichtsverein, zeigt Kindern, wie die Großelterngeneration gelebt hat, wie sich Umwelt, Natur und Gemeinde entwickelt und verändert haben.

Nicht nur «Weihnachten früher» oder «Ostern» sind solche thematischen Anlässe, auch «regionale Küche», die Verknüpfung zwischen dem gemeinsamen Kochen und Erzählen kann vielfältige Gesprächsanlässe geben – die in Form von Bilderbuchbetrachtungen fortgesetzt werden können. Gerade die Verknüpfung von «Erzählen» und «Erleben» kann als Garant für Lesemotivation dienen, macht neugierig auf mehr.

Kindergartenfest mal anders

Fast alljährlich sind Kindergartenfeste ein fester Bestandteil im Jahresplan des Kindergartens. Märchenaufführungen sind dabei häufig vorzufinden, Spiel und Tanz geben Einblick in die Arbeit des Kindergartens. Auch aus solchen Anlässen heraus kann Lesen und Literatur noch stärkere Berücksichtigung finden. Ein «Bücher- und Bilderbuchflohmarkt» ergänzt die bunte Palette. «Prominente Vorleser» aus der Gemeinde, dem Stadtteil lesen aus ihren Lieblingskinderbüchern vor oder erzählen eine Geschichte.

Unser Buch

Erzählte Geschichten, gemalte Phantasie – unter diesem Motto kann in Gruppen oder von allen Kindern gemeinsam im Kindergarten ein eigenes Buch hergestellt werden. Vorgefertigte Bilder zum Ausmalen für die Kleinen, freies Malen für die Größeren geben eine breite Palette von Vorstellungen über Personen, Handlungen und Orte einer erzählten Geschichte. Zusammengebunden und mit einem Umschlag versehen, kann das Büchlein z. B. an Eltern verkauft und aus dem Erlös neuer Lesestoff angeschafft werden. Vielleicht hilft auch die örtliche Bank, die regionale Zeitung, ein Industriebetrieb oder ein Mitglied aus dem Elternkreis, das Büchlein zu vervielfältigen. Im Besitz der Kinder stellt es allemal einen hohen Wert für die Lesemotivation dar.

Unsere Lieblingskinderbücher

Eltern können dazu aufgefordert werden, die Titel ihrer Lieblingskinderbücher zu nennen und/oder diese dem Kindergarten für eine Ausstellung befristet zur Verfügung zu stellen. Titel, die nicht vorhanden sind, können leicht über die örtliche Bibliothek/Bücherei besorgt werden. Zugleich werden auch die Kinder aufgefordert, ihr «Lieblingsbuch» mitzubringen. Eine gemeinsame Ausstellung «Lieblingsbücher einst und jetzt» ist nicht nur informativ, sondern kann auch einer breiteren Öffentlichkeit zugänglich gemacht werden. So strahlt die Leseförderung über den Kindergarten hinaus, spricht neue Zielgruppen an und weist auf die Bedeutung des Lesens für die Kindheit hin.

«Lesekoffer/Bücherboxen» – Verlockung zum Lesen

Nicht jeder Kindergarten verfügt über genügend Lesestoff zu unterschiedlichen Themenkomplexen der kindlichen Lebenswelt. Die Kooperation mit Bibliotheken/Büchereien kann dazu verhelfen, z. B. im monatlichen Wechsel aktuelle Kinderbücher als kleine «Buchpakete» für die Arbeit im Kindergarten zur Verfügung zu haben. Nach dem Motto «In der Bibliothek gibt's noch mehr» kann man so leicht zeigen, daß Kinderbücher nicht teuer sein müssen, und so Eltern wie Kinder verstärkt an die Nutzung von Bibliotheken/Büchereien heranführen.

Buchausstellungen für Eltern

Eltern für das Lesen und Leseerziehung zu gewinnen, heißt – wie bei Kindern auch –, an ihren Interessen, Hobbies und Freizeitgewohnheiten anzuknüpfen. Vielleicht läßt sich anläßlich eines Elternabends herausfinden, welche Themen auf besonderes Interesse stoßen, um daraus eine Jahresplanung mit zwei bis drei Ausstellungen im Foyer des Kindergartens und in Kooperation mit der Bibliothek oder Buchhandlung zu machen. Wie wär's z. B. mit Urlaubslektüre? Viele Familien verreisen heute, und Romane, Geschichten, Erzählungen, Sachbücher, Reiseführer über die verschiedenen Urlaubsländer lassen sich leicht zusammenstellen.

Lesehöhlen im Kindergarten

Weihnachtsbasteleien oder Osterschmuck herzustellen, gehört in vielen Kindergärten zu den Selbstverständlichkeiten. Eine «Lesehöhle» aus Pappe für die Kindergartengruppe oder gar aus Holz für die Spielflächen im Freien wäre sicherlich eine reizvolle Aufgabe für handwerklich befähigte Mütter und Väter. Planung, Skizzen, Besorgen der Materialien und letztlich Aufbau und Bemalung durch die Kinder geben, neben der äußerlichen Funktion als Leseort, vielfach Gelegenheit, das Thema Lesen ohne pädagogischen Zeigefinger im Elternkreis zu diskutieren, Erfahrungen über das Lesen auszutauschen und so Leseerlebnisse zu vermitteln.

Informationsbörse Leseförderung

Viele Eltern stehen vor dem Problem: Welches Buch soll ich meinem Kind kaufen? Andere wollen sich mit dem Thema Fernsehen und Lesen auseinandersetzen. Anders als beim Elternabend, wo ja allzuhäufig ein Referent oder eine Referentin als Experte zum Thema auftritt, könnte eine «Informationsbörse Leseförderung/Medienerziehung» einen unverfänglichen Zugang bieten, bei dem Material, Bücher, Zeitungen, Zeitschriften, Leseempfehlungen usw. zum Themenkreis dargeboten werden. Nicht nur die örtliche Bücherei und der Buchhandel können hierbei mithelfen, auch Organisationen der Leseförderung (siehe Anhang) stellen ihre Möglichkeiten und Materialien gerne gegen kleinere Unkostenbeiträge zur Verfügung.

Schaukasten: Lesetips der Woche

Schaukästen am Eingang des Kindergartens dienen häufig der Information über besondere Ereignisse und Vorhaben, ganz leicht ist es, diese Schaukästen auch für die Leseförderung zu nutzen. «Lesetips der Woche» können etwas mit der Arbeit im Kindergarten, aktuellen Themen oder aber auch mit dem Fernsehen zu tun haben. Das Buch zur Serie, zum Thema usw. bietet eine Möglichkeit, das Thema Lesen kontinuierlich anzusprechen. Die Auswahl geeigneter Kinder- und Jugendliteratur, aber auch Erwachsenenbücher kann aus dem Gespräch mit dem Bibliothekar, dem Buchhändler oder aber aus vorhandenen Orientierungsverzeichnissen zum Buchmarkt erfolgen. Auch Zeitungen und Zeitschriften bieten regelmäßige Buchbesprechungen an.

Elternabend zum Thema Fernsehen/Lesen

Wer Elternabende im Kindergarten zu diesem Thema kennt, weiß, wie schwer es ist, das offene Gespräch über die familiären Gewohnheiten der Medienerziehung zu eröffnen. «Mein Sohn schaut nur bis 20 Uhr», «Meine Tochter kennt alle Werbeslogans auswendig –sie lernt sehr viel», «Zu Hause wird das Programm nur von uns ausgewählt» usw. Kurz: Häufig scheint alles in Ordnung, nur die Erfahrung aus dem Kindergarten zeigt ein anderes Bild. Diese Hemmschwelle kann leicht überwunden werden.

Die Erzieherinnen lassen im Vorfeld des Elternabends zunächst die

Kinder Eindrücke, Bilder zum Thema Fernsehen/Fernsehprogramm malen. Sie werden erstaunt sein, welche Programmvielfalt, welche Eindrücke, Ängste, Idole usw. in den Zeichnungen zum Vorschein kommen. Etwas Ordnung in die anonym zu handelnden Kinderzeichnungen gebracht, läßt sich die Programmpalette des Fernsehens in einer kleinen Ausstellung zeigen – vom Krimi bis zur Biene Maja, von Nachrichten über Kriegsereignisse bis hin zur Waschmittelreklame. Am Elternabend gezeigt, geben diese Zeichnungen reichlich Gesprächsstoff zum Thema und zu den Möglichkeiten der Verbesserung der Medienerziehung – ganz praktisch, anhand der Medienerfahrung der Kinder des Kindergartens.

Das Buch zum Umblättern

In jeder Kindergartengruppe oder im Kindergarten kann «Das Buch zum Umblättern» präsentiert (z. B. im Schaukasten) und nach dem Motto «Fortsetzung folgt» erzählt werden. Jeden Tag darf ein anderes Kind die gerade erzählte oder betrachtete Seite umblättern – ein kontinuierlicher Anlaß, sich mit Büchern und Erzählen zu beschäftigen. Nicht nur Kinder mögen diese Geschichten in Fortsetzungen, wie uns das Fernsehen gelehrt hat.

Elternbriefe zur Lese- und Medienerziehung

Nicht immer werden alle Eltern sich in der Leseförderung engagieren, gleichwohl aber sollte man sie informieren. Gemeinsam mit der/den Erzieherin/nen kann man regelmäßig (etwa alle drei Monate) Elternbriefe erstellen und über die Kinder mitgeben. Solche Elternbriefe bieten gerade die Möglichkeit, jene Eltern zu erreichen, die nicht zu den regelmäßigen Besuchern von Elternabenden und Gesprächsnachmittagen zählen. Neben allgemeinen Erziehungsfragen können medienerzieherische Probleme, Ratschläge und Tips vermittelt werden, wie sie sich aus dem jeweiligen Alter der Kinder ergeben. Hinweise auf interessante Bücher zum Thema, geeignete Fernsehsendungen und/oder Zeitschriften runden das Bild ab – verbunden mit Neuigkeiten aus dem Kindergartenalltag. Sie werden sehen, solche Briefe werden gelesen.

Die oben gegebenen Anregungen können selbstverständlich nur Hinweise auf die Möglichkeiten der Leseförderung im Kindergarten sein.

Wichtig ist ein Gespräch mit den Erzieherinnen, um solche Formen der Leseförderung zu diskutieren und auf den vorhandenen Erfahrungen aufzubauen. Nicht immer muß in der Leseförderung alles neu erfunden werden, manchmal genügt es, bestehende Ansätze zu vertiefen und sich hierfür zu engagieren. «Positive Einmischung» in die Arbeit des Kindergartens ist allemal erwünscht!

Leseförderung in der Schule

Wer an seine eigene Schulzeit zurückdenkt, weiß, wie sehr die Fähigkeit und Bereitschaft zu lesen die eigene Schulkarriere beeinflußt hat. Fast alle Kinder wollen lesen lernen, kommen mit hoher Motivation in eine für sie neue Lebenswelt.

Die Grundlagen für den individuellen Leselernprozeß eines Kindes und seine Motivation zum Erreichen der Lesefertigkeit werden im Elternhaus gelegt; das ist inzwischen gesicherte Erkenntnis. Bemühungen der Eltern um das Lesen des Kindes dürfen gerade in der Grundschulzeit nicht nachlassen. «Ich brauche dir ja jetzt nicht mehr vorzulesen, du kannst es ja selbst» ist also völlig falsch. Der Leselernprozeß in der Schule kann nur gelingen, wenn die häuslichen Bemühungen um Leseförderung im Elternhaus während der gesamten Schulzeit fortgesetzt, Lektüreanregungen – auch außerhalb der unterrichtlichen Lesestoffe – gegeben werden. Dies ist sowohl Aufgabe der Eltern als auch des Lehrers.

Nun wissen wir aus der Leseförderungspraxis, daß allzuoft Lesen und Lesenlernen dem Fach Deutsch zugeordnet werden, sich der Biologie-, Sport- oder Mathematiklehrer kaum für die Leseförderung zuständig fühlt. Hinzu kommt, daß sich im Fach Deutsch häufig die «Interpretationswut» (Günter Grass) des Lesens negativ auf die Lesebereitschaft der Kinder auswirkt, haben sie erst einmal die schulische «Mußlektüre» hinter sich gelassen. Wir wissen auch, daß die Lesebereitschaft von Schülern erheblich erhöht werden kann, wenn sie unmittelbaren Zugang zu erschlossenen Buchbeständen in Form von Schulbüchereien/Schulbibliotheken haben. Aber: Nur rund 10 Prozent der Schulen verfügen über eine angemessene Schulbibliothek, nicht zuletzt aus finanziellen Gründen des Trägers.

In den letzten Jahren hat es nicht an Versuchen gefehlt, die Leseförderungssituation an Schulen zu verbessern. Bund und Länder haben eine Reihe sogenannter Modellversuche durchgeführt, die dazu verhelfen sollten, neue Wege der Leseförderung und Lesemotivation zu finden und zu erproben. Eine ganze Reihe von Vorschlägen, Ideen und Maßnahmen wurden hieraus für die Hand des Lehrers entwickelt – Maßnahmen die nicht allen Lehrern bekannt sein dürften. Dies kann eine Möglichkeit für Eltern sein, hier nach dem Motto «Information ist alles» aktiv zu werden.

Information ist alles!

Die von der Stiftung Lesen herausgegebene «Handmappe Lesen – Grundlagen, Ideen, Modelle, Tips zur Leseförderung» bietet ein breites Spektrum für Leseförderungsaktivitäten von der Grundschule bis zum Gymnasium. Neben aktuellen Daten zum Lese- und Medienverhalten von Kindern sowie Argumenten für ein Mehr an Lesen in der Schule gibt sie einen umfassenden Überblick darüber, welche Materialien, Orientierungshilfen zum Buchmarkt, Organisationen, Modelle, Projekte es in Deutschland als Angebot für Lehrer gibt. Das reicht von methodisch-didaktischen Vorschlägen für den Unterricht bis hin zu Vorschlägen für die Arbeit im Medienverbund zu Fragen der Lese- und Medienerziehung. Sicherlich finden Sie hierin auch eine Reihe von Vorschlägen und Ideen, die den Lehrern Ihres Kindes noch nicht geläufig sein dürften, die Sie z. B. als Elternsprecher/in in das Schulleben einbringen können.

Die «Handmappe Lesen» ist erhältlich bei der Stiftung Lesen, Fischtorplatz 23, 55116 Mainz. Sie kostet DM 28,– zzgl. Porto und Versand.

«Leseförderung an Schulen, Modelle, Projekte, Ideen für die Klassen 5–8» nennt sich die vom Pädagogischen Zentrum Rheinland-Pfalz und der Stiftung Lesen gemeinsam herausgegebene Sammelmappe, welche für Lehrer und Eltern gleichfalls einen Fundus an Projekten und Ideen zur Leseförderung bereithält. So u. a. zu den Themen: Orientierungshilfen und Partner in der Leseförderung, Schülerzeitung, Elternabend zum Thema Lesen, Schreibwerkstatt/Druckwerkstatt, Projekte rund ums Buch, Buchausstellungen, Autorenbegegnungen usw. Nähere Informationen über diese Sammelmappe erhalten Sie beim Pädagogischen Zentrum des Landes Rheinland-Pfalz, Europaplatz 7–9, 55543 Bad Kreuznach.

«Lesen ist mehr – Leseförderung in Schuljahrgängen 1–6». So nennt sich eine 40seitige Broschüre, die vom niedersächsischen Kultusministerium, Schiffgraben 12 in 30159 Hannover, erarbeitet und herausgegeben wurde. Sie enthält gerade für Eltern wichtige Hinweise, Tips und Ideen über den Lesealltag im Klassenzimmer, die Lesewelt in der Schule und zeigt eine Reihe von Beispielen, wie Elternhaus und Schule gemeinsam durch die Verlockung zum Lesen einen Beitrag zum Gelingen einer erfolgreichen Lesesozialisation der Kinder leisten können.

«Das Lesen fördern – Tips und Informationen zur Planung, Organisation und Durchführung von Veranstaltungen». Diese beim Bildungswerk der Erzdiözese Köln, Marzellenstr. 32, 50668 Köln, gegen eine Schutzgebühr von DM 12,– erhältliche Broschüre gibt eine Vielzahl von Beispielen für eine Kooperation zwischen Elternhaus, Bibliothek/Bücherei und Schule. Ausstellungen, Bilderbuchstunden, Kinder lesen für Senioren, Vorlesen und Erzählen, Spielnachmittage rund ums Buch sind nur einige Stichworte, wie Eltern sich in die Gestaltung einer Lesewelt für Kinder einbringen können. Beispiele zur Organisation, Finanzierung und Präsentation der Leseförderungsaktivitäten runden das Bild ab.

Eine andere Möglichkeit, sich über die «Leseförderung» zu informieren, stellt die von der Stiftung Lesen, Mainz, erarbeitete Dokumentation «Lesen/Leseförderung» dar. Senden Sie einfach per Postkarte die Stichworte, die Sie interessieren, an die Stiftung Lesen (Fischtorplatz 23, 55116 Mainz), und Sie erhalten schon nach wenigen Tagen einen kostenlosen Computerausdruck der Literatur und Projekte zu Ihren Stichworten. Zugleich erfährt man, wer welches Projekt schon durchgeführt hat, und hat somit die Möglichkeit, etwa in der Region Ansprechpartner zu finden. Auch wenn Sie z. B. als Elternsprecher/in auf der Suche nach geeigneten Referenten zum Thema Lesen/Fernsehen sind, steht Ihnen die Dokumentation hilfreich zur Seite.

Neben den vielen Ideen, Vorschlägen und Projekten, die Sie in den obengenannten Publikationen finden oder über den individuellen Auskunftsservice der Stiftung Lesen erhalten, kommt es jedoch darauf an, sich als Eltern in der Schule positiv einzumischen. Nur wenn Elternhaus und Schule gemeinsame Ideen entwickeln und Modelle erproben, kann der Spaß am Lesen vermittelt und damit Lesefertigkeit und Lesebereitschaft der Kinder gefördert werden.

Wie wäre es z. B. damit: Bücher im Klassenzimmer

Nicht alle Schulen verfügen über eine funktionierende Schulbibliothek – Lesestoffe aber müssen für Kinder greifbar und unmittelbar zugänglich sein. Sie könnten anregen, daß ein «Lockangebot» an Büchern im Klassenzimmer der Kinder etwa in Kooperation mit der örtlichen Bücherei aufgebaut wird. Sicherlich kennen die Lehrer geeignete Themen und Lesestoffe, die dem Alter der Kinder entsprechen. Fehlt es an Regalen, kann der Werklehrer der Schule in die Leseförderung einbezogen werden, und Eltern, Lehrer und Kinder können gemeinsam an einem Nachmittag die Stellflächen basteln. Vielleicht bietet der Schulraum auch die Möglichkeit für eine Schmökerecke?

Vorlesestunde für Grundschulkinder

Gerade, wenn Kinder lesen lernen, sollte das Vorlesen und Erzählen in allen seinen Variationen ein wichtiger Bestandteil der Erfahrung von Kindern bleiben. Ob zu Hause für die eigenen Kinder, ob zugleich auch für Kinder aus der Nachbarschaft oder als freiwilliges Zusatzangebot in der Schule oder der örtlichen Bücherei – Vorlesen und Erzählen kann man überall.

Vorlesestunden können mit Spielen, Basteln, Malen, Musik, Kochen oder z. B. mit Tieren verbunden werden. Geeignete Bücher gibt es in der Bücherei, und ein kleiner «Reklamezettel», über die Kinder an die Eltern verteilt, macht auf Ihre Veranstaltung zur Leseförderung aufmerksam. Noch besser – und weniger zeitlich belastend – ist es, wenn Sie sich in Kooperation mit anderen Vätern und Müttern beim Vorlesen abwechseln.

Den Lehrer anregen – Leseempfehlungen in allen Fächern

Mathematik, Chemie, Sport usw. – was hat das mit Leseförderung zu tun? Es ist immer wieder festzustellen, daß sich Lehrer/innen dieser Fächer kaum für das Lesen und die Leseförderung zuständig fühlen. Wie wäre es aber z. B. mit Biographien über bekannte Mathematiker/innen oder Chemiker/innen? Geschichten, Romane, Erzählungen aus der Zeit, in welcher sie ihre Entdeckungen/Erfindungen machten? Oder einer kleinen Ausstellung, organisiert mit der örtlichen Bücherei oder dem Buchhändler, zum Thema Sport/Sportarten etc. in der

Turnhalle? Zum Lesen verlocken kann man in jedem Unterrichtsfach, ob zu Hause oder in der Schule. Ganz leicht lassen sich so Mathematik oder Chemie als «trockene Lesestoffe» attraktiv gestalten, werden Zahlen und Formeln mit den Menschen und ihrer Zeit identifiziert, bildet sich so eine Motivation seitens der Kinder.

Fordern Sie also die Fachlehrer Ihres Kindes auf, Ihnen eine Auswahl geeigneter Bücher zu nennen, oder geben Sie selbst den Hinweis auf entsprechende Leseempfehlungen der Organisationen der Leseförderung/der Bibliothek.

Bücherflohmarkt in der Schule

Basare, Versteigerungen, Flohmärkte sind – wie wir alle wissen – beliebte und gut besuchte Veranstaltungen an Schulen, sei es im Rahmen der meist jährlich stattfindenden Schulfeste, sei es, daß sie eigens für einen solchen Zweck organisiert werden. Fast immer bieten sie vielen Eltern die Gelegenheit zum Gespräch und in diesem Falle auch über das Lesen. Ein regelmäßiger Bücherflohmarkt ist ein gutes Mittel, entsprechende Gelder für neuen Lesestoff zu sammeln, den Ausbau der Schulbibliothek zu unterstützen oder einmal aus dem Erlös einen Autor zu einer Lesung in die Schule einzuladen, denn gerade hierfür haben Schulen zu wenig Unterstützung. Die Begegnung mit einem Autor ist aber allemal ein Erlebnis mit positivem Leseförderungseffekt.

Elternabend mit Autorenlesung

Autorenlesungen für Schüler sind ein Weg, ein Elternabend mit einer Autorenlesung ein anderer, das Thema Lesen und Leseförderung lebendig zu gestalten. So kann leicht über eigene Leseerfahrungen, Leseerlebnisse von Kindern und über das Lesen in der Schule gesprochen werden, und die Eltern machen Vorschläge für das «literarische Leben» in der Schule. Besonders gelungen ist ein solcher Elternabend, wenn sich daraus z. B. ein «Arbeitskreis Leseförderung» aus Lehrern und Eltern entwickeln läßt, der kontinuierlich Projekte, Maßnahmen, Ideen zur Leseförderung in den Schulalltag einbringt.

Schulfreizeit einmal anders

Fast in allen Schulen werden Schülerfreizeiten in den unterschiedlichen Jahrgangsstufen durchgeführt, finden eine Reihe von Vorbereitungstreffen statt und nehmen häufig Eltern als Betreuungspersonen an solchen Freizeiten teil. Ob es – wie in den oberen Jahrgangsstufen – nach London, Paris oder Rom geht oder – wie in den jüngeren Jahrgangsstufen – in die nahe liegenden Mittelgebirge: Schülerfreizeiten sind allemal eine gute Gelegenheit, um zum Lesen zu verführen. Wie wäre es z. B. mit einer Freizeit nach dem Motto «Auf den Spuren von Till Eulenspiegel» oder «Auf den Spuren Gutenbergs»? Sicherlich gibt es in vielen Regionen Räubergeschichten, Sagen und Erzählungen, denen nachgegangen werden kann, wo Literatur und Lesen mit dem Abenteuer während der Schulfreizeit verbunden werden können. Gerade hier bieten sich für die Vorbereitung der Schulfreizeit der regionale Geschichtsverein, die Bibliothek als Kooperationspartner an. Auch in der Vorbereitung auf Rom, Paris oder London finden sich nicht nur eine Menge an Reiseführern, Bildbänden oder Sachinformationen – erzählende Literatur, Romane, Krimis mit den genannten Städten als Ort der Handlung stellen vergnügliche, unterhaltsame Verknüpfungen zwischen Schulfreizeit und Lesen her, bieten neue Zugangswege für ein Mehr an Lesen.

Die Nacht der Erzähler

Ein sicherlich außergewöhnliches Erlebnis für Schüler, Lehrer und beteiligte Eltern, eine Nacht in der Schule mit Vorlesen und Erzählen zu verbringen – und dennoch leicht zu organisieren. Ein Teil der Eltern sorgt für Verpflegung, Kinder und Eltern bringen Schlafsäcke und ihre Lieblingsbücher mit, der Lehrer liest lustige Lausbubengeschichten über den Schulalltag vor, und die Kinder erzählen von ihren Streichen, stellen Lieblingsbücher vor oder erfinden eine gemeinsame Geschichte zum Thema «Abenteuer Lesen». Sie werden sehen, ganz nachhaltig kann ein solches Leseerlebnis den Dialog fördern, gibt Anregungen für die lesepädagogische Praxis im Schulalltag.

Wie wär's mit einem Leseclub?

Rund 300 Leseclubs gibt es an Schulen, Bibliotheken oder Jugendfreizeiteinrichtungen in Deutschland auf Initiative der Stiftung Lesen. Sie werden von Vätern, Müttern, Lehrern, Bibliothekaren und anderen Gruppen betreut und stellen ein freiwilliges Angebot der Leseförderung dar.

Worum geht es dabei? Nicht alle Kinder finden in der Schule den Spaß am Lesen, gerne aber sind sie mit Gleichaltrigen in der Freizeit zusammen, gerade in der Pubertät. Leseclubs sind Treffpunkte für die

Freizeit. Durch gemütliche Einrichtung, vielfältige und dabei überschaubare Angebote/Aktionen rund ums Lesen und andere Medien sowie durch die Gruppenzugehörigkeit sind sie ein Ort, z. B. in der Schule, wo sich Kinder und Jugendliche schnell wohl fühlen. Kurz: Leseclubs sind ein Weg, gerade wenig interessierte Kinder und Jugendliche wieder zum Lesen zu verlocken.

Spiele mit Zeitschriften, Comics, Kassetten, Schallplatten, Büchern, Rallyes und Quiz, Rollenspiele, gemeinsame Ausflüge usw. – es gibt viele Möglichkeiten, Literatur und Lesen spannend und spielerisch erfahrbar zu machen. So kann der Leseclub in der Schule – etwa gemeinsam von Lehrern und Eltern betreut – eine wichtige Initiative für das Lesen sein. Die Stiftung Lesen unterstützt die Einrichtung solcher Clubs im Rahmen ihrer Möglichkeiten, hält einen Grundstock von Büchern bereit, gibt Anregungen, Tips und Ratschläge über das, was man in einem Leseclub alles machen kann, nicht zuletzt auch aus den Erfahrungen anderer Clubs.

Neugierig geworden? Dann schreiben Sie bitte wegen weiterer Informationen an: Stiftung Lesen, Projekt Leseclubs, Fischtorplatz 23, 55116 Mainz; 0 61 31/2 88 90-22.

Plakatwettbewerb zum Thema Lesen

Auf Initiative des Elternbeirats, der Elternsprecher kann ein Plakatwettbewerb dazu dienen, Kunst- und Werklehrer in die Leseförderung einzubeziehen. Die von den Kindern erarbeiteten Plakate schmücken den Klassenraum, finden sich auf den Fluren oder werden gar an einer Litfaßsäule/Plakatwand auf dem Schulhof präsentiert. Lesen: Eine Reise in das Land der Phantasie, für die z. B. auch der örtliche Buchhändler/Bibliothekar werben kann.

Zum Beispiel werden die besten Plakate durch eine Jury aus Eltern, Kindern, Lehrern, Bibliothekaren und Buchhändlern ausgewählt und können für die Schaufenstergestaltung der Buchhandlung dienen oder in der Bibliothek gezeigt werden. Ein Preis für die besten Plakate oder auch Slogans kann eine Autorenlesung für die Klasse sein, dem Aufbau der Klassenbücherei dienen usw.

Die Reihe der Ideen und Vorschläge für ein verstärktes Engagement von Eltern im literarischen Leben der Schule ließe sich sicherlich noch fortsetzen. Wer mehr darüber wissen will, kann auf die obengenannten Informationsquellen zurückgreifen oder auch – noch besser – eigene Ideen gemeinsam mit anderen Eltern entwickeln.

Kapitel 9

Die Stiftung Lesen

Die Stiftung Lesen wurde 1988 in Nachfolge der Deutschen Lesegesellschaft gegründet, um das Lesen in einer zunehmend elektronisch bestimmten Medienkultur zu fördern. Sie steht unter der Schirmherrschaft von Herrn Dr. Richard von Weizsäcker. Sie ist ein Zusammenschluß von rund 50 Institutionen, Verbänden, Verlagen, Persönlichkeiten aus Kultur, Bildung und Wirtschaft, um Kindern, Jugendlichen und Erwachsenen den Spaß am Lesen zu vermitteln. Die Stiftung Lesen ist bundesweit tätig und als freier Träger der Jugendhilfe anerkannt. Sie finanziert ihre Arbeit aus Spenden und Projektmitteln. Ihre Maßnahmen zur Leseförderung betreibt die Stiftung Lesen in Kooperation mit Kindergärten, Schulen, Bibliotheken, Buchhandlungen, Einrichtungen der Erwachsenenbildung und Jugendkulturarbeit sowie mit dem Fernsehen.

Zehn Argumente, das Lesen zu fördern

Lesen ist das Basis-Medium unserer Kultur. Die Fernsehansagerin liest vom Blatt, der Burgschauspieler lernt seine Rolle aus dem Textbuch. Beethoven wird vom Notenblatt gespielt, Computerprogramme entstehen zunächst auf Papier. Durch Lesen entsteht mehr Lebensqualität. Nicht lesen können bedeutet, von den wesentlichen Bereichen des gesellschaftlichen, wirtschaftlichen und kulturellen Lebens ausgeschlossen sein. Daher wollen wir das Lesen fördern.

Unsere Argumente:

1. Wer liest, weiß mehr

Information ist für die moderne Industriegesellschaft so wichtig geworden wie Bodenschätze, Energie und andere natürliche Ressourcen. Wer nicht informiert ist, verliert in unserer komplexen Gesellschaft sofort und zwangsläufig den Überblick. Wer sich zu informieren weiß, kann Unwesentliches leichter vom Wesentlichen unterscheiden, kommt im Leben besser zurecht. Lesen ist ein Grundelement auf dem Weg zu mehr Wissen. Ein guter Leser kennt viele Wege zu vielen Informationsquellen.

2. Wer liest, entwickelt Phantasie und Kreativität

Lesen läßt Bilder im Kopf entstehen, läßt Freiraum für Kreativität. Kinder, die lesen, kommen auf eigene Ideen und können Schwierigkeiten besser bewältigen. Lesende Kinder sind Abenteurer in einer Welt der Phantasie. Phantasie ist die wesentliche Voraussetzung für Erfolg in Schule und Beruf. Und Phantasie brauchen wir, wenn die eingefahrenen Gleise nicht mehr weiterführen.

3. Wer liest, kann sich besser ausdrücken
und hat beim Lernen mehr Erfolg

Kinder, die Spaß am Lesen haben, lernen leichter. Sie können ihre Erfahrungen beschreiben. Sie kommen in der Schule besser zurecht, denn sie können in Worte fassen, was sie bewegt, und sie können für ihren Standpunkt argumentieren.

4. Wer liest, kommt weiter im Beruf

Das Wissen in fast allen Berufszweigen verdoppelt sich zur Zeit alle fünf bis zehn Jahre. Wer da Schritt halten will, kommt ohne stetige berufliche Information und Fortbildung nicht weiter. Die moderne Industrie braucht immer mehr gut ausgebildete Mitarbeiter, die sich auf neue Anforderungen rasch einstellen können. Wer vorne bleiben will, muß wissen, was für ihn wichtig ist und was nicht: welche Zeitschriften, welche Bücher, welche Zeitungen. Er muß wissen, was er lesen soll und was nicht. Um beruflich auf dem laufenden zu bleiben, muß einer lesen können.

5. Wer liest, hat mehr von seinen Hobbys
Weniger Arbeitszeit bedeutet: mehr Freizeit, mehr Hobbys. Mit wachsender Freizeit werden Hobbys durch Lesen zu schöpferischen Tätigkeiten, die mehr sind als Fortsetzungen der Alltagsroutine mit anderen Mitteln. Wer Sport treibt, will Hintergrundberichte in Spezialzeitschriften lesen. Wer Computerfreak ist, will Listings zum Nachtippen. Fragen Sie einen Amateurfunker oder einen Hobbygärtner oder einen Freizeitkoch oder einen Lokalhistoriker nach seinem Handwerkszeug. Ohne Bücher, Zeitungen und Zeitschriften kommt keiner aus.

6. Wer liest, genießt
«Das schöne Biest» gelesen oder nur in «Denver» gesehen? David Ogilvys «Geständnisse eines Werbemannes» gelesen oder nur davon gehört? Die neuesten Autotests gelesen oder den falschen Wagen gekauft? Klatsch, Tratsch, Mode, Freizeit – das meiste führen wir uns in gedruckter Form zu Gemüte: am Frühstückstisch, im Büro, in der S-Bahn, im Flugzeug, im gemütlichen Sessel. Was gedruckt ist, bleibt. Und was bleibt, das kann man in vollen Zügen genießen.

7. Wer liest, profitiert mehr vom Fernsehen
Das Fernsehen ist nicht nur unterhaltsam, es kann auch Themen so interessant darstellen, daß man mehr darüber wissen möchte. Dazu braucht man Lesestoff, der Einzelheiten erklärt, Hintergründe ausleuchtet und Zusammenhänge darstellt. Wer fernsieht, will seine Programmzeitschrift. Er will vorher wissen, was ihn erwartet. Er will nachher die Kritik in der Tageszeitung lesen, mehr über das kurz angerissene medizinische Thema erfahren, in Ruhe die Kultur eines fernen Landes studieren. Denn Fernsehbilder sind flüchtig. Nur wer nachliest, was er gesehen hat, hat am Ende auch den Durchblick.

8. Wer liest, profitiert von der Erfahrung anderer
Niemand kann alle Erfahrungen selber machen. Die eigene Lebenswirklichkeit erweitert sich durch die vielen Lebensmöglichkeiten, die andere beschrieben haben. Ganze Generationen sind mit Robinson Crusoe, Hermann Hesse oder auch Hanni und Nanni aufgewachsen. Haben sich mal triviale, mal tiefgründige Gedanken zu ihren eigenen Erfahrungen gemacht. Haben die Bibel studiert oder Karl Marx. Ha-

ben *Eltern* abonniert oder *Die Zeit*. Haben von den Gedanken anderer profitiert oder auch nicht – wer lesen kann, hat die Wahl.

9. Wer liest, wird mündiger Staatsbürger
Daß totalitäre Regime keine freie Presse dulden und Schriftstellern die Publikation ihrer Werke verwehren, zeigt schon, daß Presse- und Informationsfreiheit zu den Grundpfeilern der Demokratie gehören. Wer das geschriebene Wort verbietet, will Demokratie verhindern. Nur wer Zugang zu jeder freien Information hat, kann die Welt kritisch bewerten und eigene Standpunkte formulieren. Er kann mündiger Staatsbürger sein.

Großeltern vermitteln manchmal Werte, die den Eltern nicht gefallen. Doch Kinder können mit mehreren Wertesystemen, die jeweils mit konkreten Personen verbunden sind, besser leben als mit einem unklaren.

10. Wer liest, erschließt sich lebendige Kultur
Musik, Theater, bildende Kunst, Film, Architektur – was wäre unsere Gesellschaft ohne Künstler! Lesen ist die Eingangstür zur Kultur, Kultur bewerten und genießen zu können, setzt fast immer voraus, lesen zu können. Lesen führt zum Denken, vermittelt Wissen und entwickelt Phantasie. Durch Denken, Wissen und Phantasie entsteht Kultur.

Projekte der Stiftung Lesen – eine Auswahl

(Wenn Sie mehr darüber wissen wollen:)
Stiftung Lesen
Fischtorplatz 23
55116 Mainz
Tel.: 0 61 31/2 88 90-0
Fax: 0 61 31/23 03 33

Direkte Leseförderung

Projekt	***Ziel***
Vorlesen und Erzählen Seit 1978 werden Vorlesestunden für Kinder in Städten und Gemeinden unterstützt und jährlich ca. 40 Fortbildungsseminare für Erzieher und Bibliothekare veranstaltet.	Wiederentdeckung einer alten Kunst, Verbesserung des Leseklimas in Elternhaus und Kindergarten.
Medienpädagogische Elternbriefe Ein Informationsdienst für Väter und Mütter mit Kindern im Altern von 1 bis 7 Jahren.	Hinweise zum vernünftigen Umgang mit Medien, Verbesserung der Medienerziehungskonzepte von Eltern.

Projekt	***Ziel***
Leseclubs 1993: über 300 Leseclubs in Kooperation mit Trägern vor Ort vermitteln deutschen und ausländischen Jugendlichen den Spaß am Lesen in der Freizeit.	Abbau von Hemmschwellen gegenüber Bibliotheken und Buchhandlungen, Vermittlung von Medienkompetenz.
«Bücherfrühling» – Woche des Buches Unter der Schirmherrschaft der Ministerpräsidenten der Bundesländer wird seit 1983 eine bundesweite (Jugend-)Buchwoche um den 10. Mai (Tag des Buches) in Kooperation mit Schulen, Bibliotheken und Kultureinrichtungen organisiert. 1993 beteiligten sich über 1500 Veranstalter.	Vermittlung von Lesespaß durch Veranstaltungen für Kinder, Jugendliche und Erwachsene.
«Europäisches Autorensuchspiel» Ein Bücher- und Autorenquiz für Kinder und Jugendliche in Europa, zentral organisiert von der Stiftung Lesen. Bisher beteiligten sich rund 250 000 Kinder aus zwölf Ländern.	Kennenlernen der kulturellen Wurzeln Europas. Vermittlung spielerischer Zugänge zum Lesen.
«Erzähl doch mal ...» Senioren lesen für Kinder. Modellversuch.	Generationsübergreifende Leseförderung und Vermittlung erlebter Geschichte.

Vermittlungsförderung

Projekt	*Ziel*
Handmappe Lesen Ein Sammelwerk über Grundlagen, Ideen und Modelle zur Leseförderung für Lehrer und Erzieher. 4. Auflage.	Vermittlung eines Überblicks von Möglichkeiten der Leseanimation in Kindergarten, Schule und Freizeit.
Jugendtaschenbücher in der Schule Empfehlungen neuer Bücher/ Jugendbücher zum Thema, für die Lehrer in der Primar- und Sekundarstufe didaktisch aufbereitet. Zwei bis drei Ausgaben pro Jahr, jeweils 22 000 Exemplare.	Methodisch-didaktische Unterrichtshilfen für Lehrer aller Schulstufen und -arten, Lektüreanregungen für die Freizeit.
Mehr Wissen durch Lesen: Wirtschaft und Ernährung, Energie und Umwelt Unterrichtsmodelle und «Literaturfahrpläne» zum Sach- und Projektunterricht für verschiedene Schulstufen. Vier Ausgaben («Der Wochenmarkt» und «Der Supermarkt») sind erschienen; Gesamtauflage: 95 000 Exemplare.	Vermittlung von Lektüreanregungen zu fächerübergreifenden Themen, mehr Informationen über wirtschaftliche Zusammenhänge durch Lesen.
Seminare, Tagungen, Veranstaltungen Regelmäßige Fortbildungsveranstaltungen und Fachtagungen zur Lese- und Medienerziehung	Verbesserung des Leseförderungs-«Know-how», Gewinnung von ehrenamtlichen Helfern für mehr Leseförderung vor Ort.

Projekt	*Ziel*
für Erzieher, Lehrer, Bibliothekare u. a.	
«Der Lesebus» – ein mobiler Beratungsdienst zur Leseförderung in Niedersachsen. In Zusammenarbeit mit dem Kultusministerium Niedersachsen und dem Ministerium für Wissenschaft und Kultur Niedersachsen.	Vernetzung von Leseförderungsinitiativen, Vermittlung von Know-how für Lehrer, Erzieher, Bibliothekare und Eltern.

Fernsehen und Lesen

Projekt	*Ziel*
Leseempfehlungen Seit 1978 werden zu aktuellen Themen im Fernsehen und zu großen Themenbereichen wie Zeitgeschichte, Umwelt, Musik, Sport usw. von Fachleuten erarbeitete Leseempfehlungen herausgegeben. Gesamtauflage: über 3 Millionen Exemplare.	Themenbezogene Orientierungshilfen im unübersichtlichen Lesestoff-Angebot, Lese- und Buchkauf-Tips durch gezielte Information.
Prominente und Autoren lesen Persönlichkeiten des öffentlichen Lebens, Idole von Kindern und Jugendlichen, bekannte Autoren lesen im Fernsehen aus Lieblingsbüchern und berichten über ihre Leseerfahrungen. Über 50 Kurzfilme wurden schon produziert.	Leseanregungen über Vorbilder vermitteln und zeigen, daß Vorlesen auch durchs Fernsehen wirkt.

«Fortsetzung folgt nicht»
Für das Fernsehen verfilmte Jugendbücher brechen am spannendsten Punkt ab und fordern zum Weiterlesen auf. Koproduktion ORF, SRG, BR. Filme auf Videokassetten sowie methodisch-didaktisches Begleitmaterial erhältlich.

Leseanregungen für jugendliche Fernsehzuschauer. Hilfestellung insbesondere für Deutschlehrer in Form methodisch-didaktischer Materialien.

Grundlagen, Forschung, Dokumentation

Projekt

Ziel

Dokumentation Lesen
Ein computergestützter Auskunftsdienst über Projekte der Leseförderung und wichtige Literatur für Forschung und Praxis aus den verschiedenen wissenschaftlichen Disziplinen.

Vermittlung von «Überblick und Durchblick» bei Modellen und Grundlagen der Leseförderung, Erstellen von Bibliographien zu thematischen Bereichen der Leseförderung. Individueller Auskunftsservice.

Leseforschung
Aktuelle Aufarbeitung der laufenden Forschung, Initiativen zu und Beteiligung an Forschungsvorhaben anderer Institutionen («Kommunikationsverhalten und Buch», 1978, «Jugend und Medien», Leseverhalten in West- und Ostdeutschland [1993]), Begleitforschung zu Leseförderungsprojekten.

Entwicklung von Modellen und Maßnahmen der Leseförderung sowie Analysen zur Lese- und Medienkultur auf der Grundlage des aktuellen internationalen Forschungsstandes.

Projekt	**Ziel**
Gutachten zum internationalen Stand der Leseforschung Im Auftrag des Bundesministeriums für Bildung und Wissenschaft wurde 1989 in Zusammenarbeit mit Fachleuten aus Europa und den USA ein Gutachten zum Stand der Forschung zum Leseverhalten in der Bundesrepublik, im europäischen Ausland und in den USA erarbeitet. 1993: Gutachten über Japan, Spanien, skandinavische Länder etc.	Vergleichsstudien zur Ermittlung von Wissens- und Forschungsdefiziten und Entwicklung von Konzepten zur langfristigen und international vergleichenden Beobachtung des Lese- und Medienverhaltens.
Lesen in der Schule – Modellprojekt Rheinland-Pfalz Quantitative und qualitative Begleitstudien zu exemplarischen Modellen und Maßnahmen der Leseförderung in 13 Schulen unterschiedlicher Schularten in Rheinland-Pfalz im Zeitverlauf (Abschluß 1993).	Überprüfung der Effektivität von Leseförderungsmaßnahmen, Gewinnung von Erkenntnissen über Einflußmöglichkeiten im Rahmen der Schule auf die Leselust der Schüler.

Kontakt- und Informationsadressen zur Leseförderung

Leseempfehlungen, Leselisten ...
erhalten Sie bei diesen Institutionen:

Arbeitsgemeinschaft
von Jugendbuchverlegern e. V.
Pfitzerstr. 5–7
70184 Stuttgart
Tel.: 07 11/2 19 13 59
«Jugendbuch heute» (Information zum Kinder- und Jugendbuch, zu Verlagsprogrammen, Anschriften), Praxisseminare

Arbeitskreis für
Jugendliteratur e. V.
Schlörstr. 10
80634 München
Tel.: 0 89/1 68 40 52
Buchempfehlungslisten, Referentenverzeichnis,
Fortbildungsseminare

Börsenverein des Deutschen
Buchhandels e. V.
Großer Hirschgraben 17–21
60311 Frankfurt
Tel.: 0 69/1 30 63 56
Wanderausstellungen, Aktion «Das lesende Klassenzimmer». Schwerpunktaktionen zur Sommerzeit und im Rahmen von Frühjahrsbuchwochen

Deutsche Akademie
für Kinder- und
Jugendliteratur e. V.
Parkstr. 16
97228 Rottendorf
Tel.: 0 93 02/33 88
Buchempfehlungslisten

Deutsches Jugendschriftenwerk
Fischtorplatz 23
55116 Mainz
Tel.: 0 61 31/2 88 90-18
Buchempfehlungslisten, Verzeichnis der Kinder- und Jugendzeitschriften

Europäische Märchengesellschaft
Postfach 328
48431 Rheine
Adressen von Märchenerzähler/innen

Friedrich-Bödecker-Kreis e. V.
Fischtorplatz 23
55116 Mainz
Tel.: 0 61 31/2 88 90-18
Vermittlung von Autoren/innen für Schullesungen

Internationale Jugendbibliothek
Schloß Blutenburg
81247 München
Tel.: 0 89/8 11 20 28
Referentenverzeichnis, Buchempfehlungslisten

Kinder- und Jugendfilmzentrum in der BRD
Küppelstein 34
42857 Remscheid
Tel.: 0 21 91/79 42 33
Verleih von Kinderfilmen, Kinderfilmkatalogen, Verleihverzeichnis

Kinder- und Jugendtheaterzentrum in der BRD
Schützenstr. 12
60311 Frankfurt
Tel.: 0 69/29 15 38
Verzeichnis der aktuellen Angebote von Theatern und Theaterverlagen für Kinder und Jugendliche

Landesarbeitsgemeinschaft
Jugend und Literatur e. V.
Von-Werth-Str. 159
50259 Pulheim-Brauweiler
Tel.: 0 22 34/8 42 86
Referentenverzeichnis, Buchempfehlungslisten, Fortbildungsseminare

Stiftung Lesen
Fischtorplatz 23
55116 Mainz
Tel.: 0 61 31/2 88 90-0
Buchempfehlungslisten, Beratung, Broschüren zur Leseförderung, Dokumentationsstelle für Leseförderungsmaßnahmen, ca. 40 Projekte für unterschiedliche Zielgruppen; Seminare, Tagungen, Veranstaltungen

Anhang

Zeitungen

Bundesrepublik Deutschland

Frankfurter Allgemeine Zeitung: einmal monatlich in der Wochenendbeilage und auf Sonderseiten in den Literaturbeilagen zu Ostern, zur Leipziger Buchmesse, zur Frankfurter Buchmesse und zu Weihnachten (November und Dezember).

Frankfurter Rundschau: unregelmäßig in der Wochenendbeilage unter der Sparte «Freizeit und Familie», auf der «Kinderseite» und auf Sonderseiten in den Literaturbeilagen zu Weihnachten, im Frühjahr und im Herbst.

Süddeutsche Zeitung: einmal monatlich in der Wochenendbeilage und auf vier Sonderseiten zu Weihnachten und zwei bis drei Sonderseiten zur Frankfurter Buchmesse.

Die Welt: unregelmäßig auf der Kulturseite und in der Wochenendbeilage «Die geistige Welt», außerdem in den Literaturbeilagen im Frühjahr, zur Frankfurter Buchmesse und zu Weihnachten.

taz – Die Tageszeitung: einmal jährlich in der Literaturbeilage zur Frankfurter Buchmesse ein bis zwei Seiten Kinder- und Jugendliteratur.

Die Zeit: einmal monatlich eine oder mehrere Kinder- und Jugendbuchseiten mit dem «Luchs» (eine monatlich vergebene Empfehlung der *Zeit* und des Senders Radio Bremen, siehe S. 173), z. T. in den Beilagen im Frühjahr, zur Leipziger Messe, zur Frankfurter Messe und zu Weihnachten (November und Dezember).

Schweiz

Die Weltwoche: unregelmäßig zwei- bis dreimal im Jahr im Kulturteil.

Neue Zürcher Zeitung: unregelmäßig im Feuilleton und in der Wochenendbeilage «Literatur und Kunst».

Österreich

Die Presse: bis zu 6mal jährlich auf eigenen Kinder- und Jugendbuchseiten, und zwar zu Ostern, im Frühjahr (in der Beilage), zum Ferienbeginn, Anfang September, zur Frankfurter Buchmesse (in der Beilage) und zu Weihnachten.

Der Standard: unregelmäßig im Feuilleton, keine Trennung zwischen Erwachsenen- und Kinderliteratur.

Hörfunk und Fernsehen

Hörfunk

Bundesrepublik Deutschland

Bayerischer Rundfunk (BR): unregelmäßig in der Sendung *«Kaleidoskop»*, BR 2, dienstags, 14.00–14.30 Uhr

Deutschlandfunk (DLF): unregelmäßig in der Sendung *«Büchermarkt»*, täglich 16.10–16.30 Uhr

Deutschlandsender Kultur (DS Kultur): in den Literatursendungen (keine Trennung von Erwachsenen- und Kinderliteratur): *«Literarische Stunde»*, samstags, 16.00–17.00 Uhr, *«Erlesenes»*, sonntags, 17.33–18.00 Uhr (Lesung), *«Das Buch»*, täglich, 15.00–15.15 Uhr, *«Essay und Lektüre»*, freitags, 22.15–23.00 Uhr außerdem Kinderhörspiele, mittwochs, 15.35 Uhr, und sonntags, 13.33 Uhr

Hessischer Rundfunk (hr): hr 1, *«Max und Musik»*, sonntags, 10.05–11.30 Uhr (*«Buch des Monats»*, vorgestellt von Schülern, Lesungen); hr 1, *«Minimax»*, täglich, 19.50–20.00 Uhr (Lesungen und thematische Vorstellungen); *«Kaleidoskop»*;

hr 2, sonntags, 8.05–9.00 Uhr (Lesung, Hörspiel)

Mitteldeutscher Rundfunk (mdr): im Vormittagsmagazin *«Radio-Markt»*, montags und donnerstags, 11.20 Uhr, Rubrik *«Lesezeichen»* (Vorstellung von Büchern aller Art, also auch von Kinderbüchern);

«Ohrenbär – Radiogeschichten für kleine Leute», täglich, 19.30 Uhr (Lesung)

Norddeutscher Rundfunk (NDR): NDR 4, *«Mikado – Für Kinder»*, 1. Sonntag im Monat, *«Bücherwurm grüßt Leseratte»*, 14.05–15.00 Uhr, (Vorstellung von Neuerscheinungen und von einem Kinderkrimi), eine Literaturempfehlungsliste zu jeder Sendung kann angefordert werden bei: NDR, Kinderfunk, Rothenbaumchaussee 132–134, 20149 Hamburg;

NDR 1, Radio Mecklenburg-Vorpommern, unregelmäßig in den Sendungen *«Kulturjournal»*, wochentags, 19.05–20.00 Uhr, und im Magazin *«Nordschnapp»*, wochentags, 9.00–12.00 Uhr; NDR 4, *«Ohrenbär – Radiogeschichten für kleine Leute»*, täglich 19.30 Uhr (Lesung)

Ostdeutscher Rundfunk Brandenburg (ORB): «Ratz-Batz», montags bis freitags, 15.05–16.00 Uhr (Bücher, Autoren, Filme, Ausstellungen); in der Sendung *«Bücherjournal»*, alle 14 Tage, donnerstags, 20.00–22.00 Uhr (Erwachsenen- und Kinderliteratur)

Radio Bremen (RB): RB 2, im «Bremer Bildungsprogramm», «Art und Weise. Literaturmagazin», am 1. oder 2. Montag im Monat, 15.05–16.00 Uhr (Vorstellung des *«Luchs»*, monatliche Empfehlung, die auch in der *Zeit* veröffentlicht wird);

RB 3, «Gutenachtgeschichtenreihe» (Lesung), täglich 19.05–19.20 Uhr;

RB 2, unregelmäßig in *«8 Punkt 5 – Zeit für Kinder»*, sonn- und feiertags, 8.05–9.00 Uhr; *«Kinder & Co. – nicht nur für Kinder»* (Tips und

Lesungen, gelegentlich Übernahme von Teilen der SR-Kinder- und Jugendbuchliste, siehe unten), samstags, 15.05–16.00 Uhr; zweimal jährlich, im Frühjahr und im Herbst, eine Sendung über Neuerscheinungen;

RB 4, unregelmäßig in *«Zebra 4»*, sonntags, 9.00–11.00 Uhr; eine Liste mit Hörspielen des Kinderfunks, die es als Kassette oder LP zu kaufen gibt, ist erhältlich bei: Radio Bremen, Kinderfunk, Postfach 330320, 28329 Bremen

Rias Berlin: unregelmäßig in den Sendungen *«Kids & Minis»*, samstags, 15.00–15.30 Uhr, *«Panther & Co.»*, sonntags, 8.00–9.00 Uhr (Hörspiele, Tips, Lesungen)

Saarländischer Rundfunk (SR): SR 2, Empfehlungen der *«SR-Kinder- und Jugendbuchliste»* in: Radio-Spielplatz, sonntags, 9.30–10.00 Uhr, alle 1 bis 2 Monate *«Wer hören kann, der liest auch»*; SR 3 Saarlandwelle, 1mal monatlich in *«Lautsprecher»*, täglich, 14.50 Uhr; SR 3 Saarlandwelle, wöchentlich in *«Bunte Funkminuten»*, mittwochs, 9.15–10.00 Uhr; gelegentlich Übernahme von Radio Bremen (siehe oben); Empfehlungsliste *«SR-Kinder- und Jugendbuchliste»* kann angefordert werden bei: Saarländischer Rundfunk, Kinderfunk, Funkhaus Halberg 1050, 66121 Saarbrücken;

SR 2, *«Das Raben-Ei – Geschichten für die Jüngsten»*, werktags, montags bis freitags, 17.55–18.00 Uhr (Lesung);

SR 3, donnerstags, 14.50–14.55 Uhr, in der Sendung *«Lautsprecher – Radio für junge Hörer»*: *«Der Leseclub»* (Gespräche, Porträts, Hinweise)

Sender Freies Berlin (SFB): SFB 1, *«Ohrenbär – Radiogeschichten für kleine Leute»*, täglich, 19.30 Uhr (Lesung)

Süddeutscher Rundfunk (SDR): SDR 1, unregelmäßig in der Sendung *«Journal am Morgen»*, montags bis samstags, 8.10–8.20 Uhr, zweimal jährlich, vor Ostern und vor Weihnachten, Vorstellung von Neuerscheinungen

Südwestfunk (SWF): SWF 1, unregelmäßig in Einzelbeiträgen im Kinderprogramm (aus Anlässen wie Preisverleihungen und vor Ostern und Weihnachten)

Westdeutscher Rundfunk (WDR): WDR 4, *«Ohrenbär – Radiogeschichten für kleine Leute»*, täglich, 19.30 Uhr (Lesung);

WDR 5, *«Lilipuz»*, sonn- und feiertags, 14.00–15.00 Uhr, Wdh. 17.00–18.00 Uhr (Lesung mit Vorstellung, Meinung von Kindern, Autorengespräch), einmal monatlich (manchmal zusätzlich an Feiertagen): Kinderhörspiel; ein- bis zweimal jährlich Büchersendungen, Empfehlungslisten dazu können angefordert werden bei: Westdeutscher Rundfunk, Kinderfunk, Appellhofplatz 1, 50667 Köln;

WDR 4, in der Sendung *«Bonbon»*, 1–2mal monatlich «Das klingende Bilderbuch», montags bis samstags (außer an Feiertagen), 15.00–15.05 Uhr

Schweiz

Schweizerische Radio Gesellschaft (SRG):
DRS 1, *«Kinderclub»*, montags bis freitags, 11.45–11.55 Uhr, sonntags, 8.30–8.40 Uhr (Vertonungen von Bilderbüchern)

Österreich

Österreichischer Rundfunk (ORF): Radio Wien, *«Krimis, Spuk und schlaue Schmöker»*, einmal monatlich sonntags, 18.30–18.55 Uhr, und unregelmäßig im *«Junior-Radio Wien»*, täglich, 18.30–18.55 Uhr; *«Kinderhörspiel»*, jeden zweiten Dienstag, 19.05–19.25 Uhr

Fernsehen

Bundesrepublik Deutschland

Arbeitsgemeinschaft öffentlich-rechtlicher Rundfunkanstalten Deutschlands (ARD) (Ausstrahlung im 1. Programm, produziert vom NDR): *«Bücherjournal für Kinder»*, zweimal jährlich, einmal im Frühsommer, einmal im Winter, meist das 1. Adventswochenende oder das Wochenende davor, samstags, 13.30–14.00 Uhr (Vorstellung von Neuerscheinungen);

Bayerischer Rundfunk (BR): «Fortsetzung folgt nicht», eine Coproduktion mit ORF (Österreichischer Rundfunk) und SRG (Schweizer

«Fortsetzung folgt ...» bei der nächsten Vorlesestunde. Und auf die will keines der Kinder verzichten.

Rundfunk), jeden zweiten Dienstag im Monat, 17.35 Uhr (zwei in Ausschnitten erzählte Jugendbücher werden vorgestellt. An einer spannenden Stelle brechen die Filme ab. Zusätzlich Porträts und Tips). In manchen Buchhandlungen hängen Plakate mit Hinweisen zu den vorgestellten Büchern.

RTLplus: in der Sendung *«Li-La-Launebär»*, sonntags, 8.00–8.30 Uhr, unregelmäßige Buchvorstellungen, abhängig vom jeweiligen Thema

Nordkette (B1, MDR, ORB, 3. Programm): Wiederholung von *«Mick's Tour»* (s. o.), jeweils am auf die Originalsendung folgenden Sonntag, 13.45–14.15 Uhr

Ostdeutscher Rundfunk Brandenburg (ORB): in der *«Kinderstunde»*, täglich außer sonnabends, 17.30 Uhr, sonntags, 10.00 Uhr, unregelmäßig ca. alle 6 Wochen (Kinder und Jugendliche stellen Kinder- und Familienbücher vor)

Südwestfunk (SWF): SWF 3, 1. Montag eines Monats, ca. 22.45 Uhr,

«Literaturreport», nimmt Bezug auf den *«Leselotsen»* (siehe Empfehlungslisten), eine Empfehlungsliste des *BuchJournals* (siehe Zeitschriften) und des Südwestfunks

Zweites Deutsches Fernsehen (ZDF): 1mal monatlich im *«Kinderstudio»*, donnerstags, ca. 15.25 Uhr

«Schenk mir ein Buch»

Leider eingestellt wurde die Sendung *«Schenk mir ein Buch»* (ZDF), die regelmäßig Bücher vorgestellt hat. Aus dieser Sendung sind Empfehlungslisten mit Kurzhinweisen hervorgegangen, die in Zusammenarbeit mit der Stiftung Lesen herausgegeben wurden. Die Listen sind für DM 1,–/Stück plus Porto erhältlich bei: Stiftung Lesen, Fischtorplatz 23, 55116 Mainz. Die Themen: Nr. 21 «Neue Mädchenbücher – Alte Kinderbücher»; Nr. 29 «Geschichte im Jugendbuch – Indianerbücher»; Nr. 32 «Jugendlexika – Bücher für Erstleser – Neue Mädchenbücher»; Nr. 34 «Bilderbücher – Tierbücher – Spannende Jugendromane»; Nr. 35 «Abenteuer – Ausländer – Advents- und Weihnachtsbücher»; Nr. 36 «Umwelt – Technik – Arbeitswelt. Erzählungen im Jugendtaschenbuch»; Nr. 43 «Kinderromane – Musikbücher – Kinder-/Jugendlexika»; Nr. 47 «Bilderbücher – Gedichte – Jugendromane»; Nr. 51 «Liebesgeschichten – Berlin – Kochbücher»; Nr. 54 «DDR-Autoren – Geschichte – illustrierte Märchen»; Nr. 55 «Flora und Fauna – Ausländer – Theater – Pinocchio»; Nr. 60 «Tierbücher – Biographien – Lernspaß»; Nr. 62 «DDR-Autoren – Anthologien – Comics»; Nr. 64 «Bilderbücher – Kinderromane – Umwelt – Stadt- und Reiseführer»; Nr. 65 «Erstlesebücher – Märchen – Umwelt – Taschenbücher»; Nr. 66 «Ausgefallene und ‹tierische› Bilderbücher, Erstlesebücher, ‹unbequeme› Jugendromane»; Nr. 67 «Krimis und Detektivgeschichten», «Geschichte, Familie»; alle Titel enthalten ebenfalls die Büchertips des «Leselotsen» (siehe Empfehlungen) und «Preis der Leseratten» (eingestellt), eine Zusammenstellung davon ist Nr. 71 «Preis der Leseratten – Preisbücher von 1980 bis 1992».

Schweiz

Schweizerische Radio Gesellschaft (SRG): DRS, *«Abenteuer Lesen – Fortsetzung folgt nicht»*, siehe BR, alle vier Wochen jeweils an einem Montag und einem darauffolgenden Mittwoch, 17.15 Uhr

Österreich

Österreichischer Rundfunk (ORF): ORF 1, *«Fortsetzung folgt nicht»*, siehe BR, jeden zweiten Sonntag im Monat, 16.35 Uhr

Kinder- und Jugendbuchzeitschriften *(Bundesrepublik Deutschland, Schweiz und Österreich)*

«Bücher, ein Informationsdienst für die Familie, für Kindergarten, Grundschule, Bibliotheken und Buchhandel». Das Magazin enthält Besprechungen von Neuerscheinungen, Buchhinweise zu Themen wie Computer, Geschichte oder auch Zaubern sowie Grundsatzartikel und Wichtiges in Kürze aus dem Kinder- und Jugendbuchbereich. Bezugsadresse: Deutsches Jugendschriftenwerk e. V. (DJW), Fischtorplatz 23, 55116 Mainz (4 Ausgaben jährlich, Jahresabonnement DM 9,90 zzgl. Porto/Versand).

«Bulletin Jugend + Literatur. Kritische Monatsschrift für Kinder- und Jugendliteratur». Die Zeitschrift beginnt mit Rezensionen, die von Kindern und Jugendlichen verfaßt wurden, bringt Porträts von Autoren und Illustratoren, stellt neue Bilder-, Kinder-, Sach- und Jugendbücher vor, verleiht in der Mitte des Heftes die «Eule des Monats» (siehe Empfehlungslisten) und endet mit der Rubrik «Themen, Tips, Termine». Bezugsadresse: Eulenhof-Verlag, Hallerplatz 5, 20146 Hamburg (12 Ausgaben jährlich, Jahresabonnement DM 140,– plus Porto, Studentenabonnement DM 115,– plus Porto, keine Einzelhefte).

«Eselsohr. Fachzeitschrift für Kinder- und Jugendmedien». Das Spektrum der Zeitschrift ist groß: Berichte wie zum Beispiel über die Spielwarenmesse in Nürnberg und das Kinderfilmfest in Berlin gehören ebenso dazu wie Grundsätzliches, beispielsweise über Reihen für Leseanfänger oder über Bücher gegen Rechtsextremismus. Dazu kommen Rezensionen, Tips zu sehens- und hörenswerten Fernseh- und Radiosendungen und Nachrichten. Bezugsadresse: Verlag Eselsohr, Rheinallee 9, 55118 Mainz (12 Ausgaben jährlich, Jahresabonnement DM 108,– inkl. Porto, Einzelheft 9,– plus Porto).

«Forum Lesen». Die Zeitschrift wird redaktionell von der Stiftung Lesen betreut und informiert über alle Bereiche der Leseförderung. Das heißt, europa- und bundesweite Aktivitäten wie das Autorensuchspiel «Bücher bauen Brücken» und der «Bücherfrühling» haben hier ebenso ihren Platz wie Informationen über die Stiftung Lesen selber. In «Angelesen ... Aufgelesen ... Nachgelesen» finden sich Artikel über den Buchmarkt, das Pressewesen, die Bibliotheksarbeit. Zwar richtet sich «Forum Lesen» eher an Multiplikatoren, aber interessierte Eltern können es auch bestellen, und zwar bei: Stiftung Lesen, Fischtorplatz 23, 55116 Mainz (ca. 6 Ausgaben jährlich, Jahresabonnement DM 15,– inkl. Porto, keine Einzelhefte, Probeheft gratis).

«Fundevogel – Kritisches Kinder-Medien-Magazin». Der Fundevogel versammelt literaturwissenschaftliche Beiträge wie zum Beispiel über den «Trotzkopf», Porträts von Kinder- und Jugendbuchautoren und -verlagen, ausführliche Rezensionen über alle Kinder- und Jugendmedien sowie Nachrichten. Bezugsadresse: DIPA-Verlag, Nassauer Str. 1–3, 60439 Frankfurt, oder über den Buchhandel (4 Ausgaben jährlich + 2 Doppelnummern, Jahresabonnement DM 55,– inkl. Porto, Probeabonnement [4 Ausgaben + 1 Doppelheft] DM 30,– inkl. Porto, Einzelheft DM 5,– plus Versand).

«jugendbuchmagazin». Herausgegeben wird das Magazin vom Arbeitskreis Das gute Jugendbuch e. V., der sich zum Ziel gesetzt hat, literarische Jugenderziehung in Theorie und Praxis zu fördern. Die Zeitschrift besteht aus Artikeln über Leseförderungsaktivitäten, aus Berichten über Autoren und einem umfangreichen Rezensionsteil. Außerdem kräht «Das wachsame Hähnchen» (siehe Preise) für aktuelle, auszeichnungswürdige Kinder- und Jugendbücher. Bezug: Geschäftsstelle jugendbuchmagazin, Elisabeth Fehrholz, Spindelgang 9, 45239 Essen (Einzelheft DM 12,– inkl., Jahresabonnement [4 Hefte] DM 45,–).

«JugendLiteratur». Herausgeber ist der Schweizerische Bund für Jugendliteratur. Die Zeitschrift enthält Sammel- und sehr ausführliche Einzelrezensionen, Grundsatzartikel zum Beispiel über die Schwierigkeit des Übersetzens, Interviews sowie Informationen über Wichtiges aus dem Bereich Kinder- und Jugendliteratur in der Schweiz. Bezugsadresse: Schweizerischer Bund für Jugendliteratur. Zentralse-

kretariat, Gewerbestraße 8, CH-6330 Cham (Inland sFr 16,–/Ausland sFr 20,– inkl. Porto).

«Volkacher Bote. Mitteilungsblatt der Deutschen Akademie für Kinder- und Jugendliteratur in Volkach am Main». Enthält Artikel über Persönlichkeiten und Geschehnisse der Kinder- und Jugendbuchszene, Informationen über Trends und Preise sowie Nachrichten aus der Akademie. Bezugsadresse: Akademie für Kinder- und Jugendliteratur, Geschäftsstelle, Hauptstr. 42, 97332 Volkach (kostenlos).

«Tausend und ein Buch. Das österreichische Magazin für Kinder- und Jugendliteratur». Das Magazin bietet Artikel über Grundlegendes wie die Entwicklung der österreichischen Kinderlyrik oder «Angst und Angstbewältigung in der Kinderliteratur»; Autoren- und Illustratorenporträts, Rezensionen, Informationen über Veranstaltungen, Preise, Termine. Bezugsadresse: Gutenberg-Werbering GmbH, Anastasius-Grün-Str. 6, A-4020 Linz (öS 170,– Inland/öS 240,– Ausland).

Daneben gibt es Rezensionszeitschriften, die kostenlos im Buchhandel ausliegen. Sie stellen – mit Ausnahme von «Hits für Kids» – vor allem Erwachsenenliteratur vor, enthalten aber auch einen Kinder- und Jugendbuchteil:

Rezessionszeitschriften Bundesrepublik Deutschland

«Hits für Kids» besteht aus Porträts von Kinder- und Jugendbuchschriftstellern und -illustratoren, Hintergrundberichten und Interviews, Themen wie der Fremdenfeindlichkeit im Kinder- und Jugendbuch, einer Zeitung in der Zeitung und Rätseln (mit Gewinnen natürlich) sowie Sammelrezensionen zum Beispiel aller Dino-Bücher. Einzelrezensionen stellen neue Kinder- und Jugendbücher und auch wichtige Backlist-Titel vor (also Bücher, die in vorhergehenden Jahren erschienen sind).

«BuchJournal» informiert über Neuerscheinungen in Form von Interviews, Überblicksartikeln und Einzelrezensionen von unabhängigen Kritikern. Der Kinder- und Jugendbuchteil enthält den *«Leselotsen»* (siehe Empfehlungslisten), der von der Redaktion der Zeitschrift zusammen mit dem Südwestfunk betreut wird (4 Ausgaben jährlich, auch im Abonnement DM 18,– Inland/DM 21,– Ausland plus Mehrwertsteuer, Bestelladresse: Buchhändlervereinigung, Großer Hirschgraben 17–21, 60311 Frankfurt).

«Buch aktuell» ist formal ähnlich aufgebaut wie BuchJournal, es gibt allerdings einen Unterschied: Die Artikel werden von den Verlagen bezahlt. (3 Ausgaben jährlich.)

Schweiz

«Bücherpick» enthält Interviews mit Berühmtheiten, Artikel von Schriftstellern über ihre Bücher, Pressespiegel zu Buchmarktbesonderheiten, thematische Sammelrezensionen und Einzelbesprechungen (4 Ausgaben jährlich, auch im Abonnement sFr 16,– Inland/sFr 22,– Ausland, Bestelladresse: Verlag Bücherpick, Postfach 146, CH-3322 Urtenen).

Empfehlungslisten und Auszeichnungen

«Buch des Monats». Die Auszeichnung wird monatlich an je ein Bilderbuch, ein Kinderbuch und ein Jugendbuch verliehen. Die Juroren gehören der Deutschen Akademie für Kinder- und Jugendliteratur in Volkach an. Bei der Vergabe werden «die allgemein geltenden Qualitätsmaßstäbe für literarische und künstlerische Gestaltung angelegt und eine möglichst breite Themenauswahl aus den Bereichen Erzählung, Lyrik und Sachbuch angestrebt. Jeder ausgewählte Titel sollte in seiner Art beispielhaft sein, zugleich wird aber auch auf gute Lesbarkeit und Unterhaltungswert geachtet.» Nachzulesen sind die Empfehlungen im «Volkacher Boten» (siehe Zeitschriften) und in den meisten Kinder- und Jugendliteraturzeitschriften.

«Buch des Monats». 1972 gründete der Schriftsteller Hans-Georg Noack die «Ju-Bu-Crew Göttingen, Arbeitsgemeinschaft Jugendbuch». Dahinter verbergen sich zwölf Jugendliche, die es sich zur Aufgabe gemacht haben, einmal im Monat ein Kinder- oder Jugendbuch aus den Neuerscheinungen auszuwählen, das sie am meisten anspricht. Die Jugendlichen verfassen eine Beurteilung, die (alle vier Monate mit jeweils vier Empfehlungen) angefordert werden kann bei: Ju-Bu-Crew, Teresa Grenzmann, Felix-Klein-Str. 1, 37083 Göttingen.

«Buch des Monats». Die Kommission für Kinder- und Jugendliteratur des Österreichischen Bundesministeriums für Unterricht und Kunst empfiehlt jeden Monat ein qualitativ herausragendes Buch. Die Jury

besteht aus 50 vom Bundesminister für Unterricht und Kunst bestellten Mitgliedern, der auch für die Veröffentlichung der Ergebnisse zuständig ist. Die Bücher können darüber hinaus in die Empfehlungsliste «Lesefreude mal 300» (siehe S. 85) aufgenommen werden.

«Die Eule des Monats». Sie wird von der Redaktion des «Bulletin Jugend + Literatur» vergeben, und zwar «nach rein subjektiven Kriterien, auf Vorschlag eines/r Mitarbeiters/in.» Entscheidend ist vor allem, «daß es sich um ein auffälliges, ungewöhnliches, gewagtes, ein inhaltlich, formal und literarisch besonderes Buch (bzw. eine Kassette oder einen Film) handelt» – so die Redaktion. Finden kann man die monatliche Auswahl im «Bulletin Jugend + Literatur» (siehe Zeitschriften).

«Der Leselotse». Diese «Bestenliste», die vom Südwestfunk und von der Zeitschrift BuchJournal gemeinsam betreut wird, empfiehlt nicht Bestseller (also die meistverkauften Bücher), sondern qualitativ gute – oder beste – Bücher. Der Jury gehören Kritiker, Autoren, Buchhändler und Bibliothekare an, die viermal im Jahr die Neuerscheinungen bewerten. «Der Leselotse» wird im BuchJournal abgedruckt (das kostenlos in Buchhandlungen ausliegt), und der «Literaturreport» des Südwestfunks nimmt in seiner Berichterstattung Bezug auf seine Ergebnisse (er ist im 3. Fernsehprogramm des Südwestfunks an jedem ersten Montag eines Monats um ca. 22.45 Uhr zu sehen).

«Luchs». Einmal im Monat stellen *Die Zeit* und Radio Bremen ein Buch vor. Ute Blaich, eine der Jurorinnen (alle sind Fachjournalisten) begründet die Auszeichnung: «‹Luchs›-Titel sollen Hinweise geben für eine Literatur, die mehr ist als schöner Zeitvertreib. Mehr als Statussymbol und karrierefreundliche Beschäftigung einer privilegierten Kaste. Diese Bücher sollen Lust machen auf Denken als Lust zu Veränderung. Das graphische Symbol von F. K. Waechter ist ein listiger Luchs. Dieses Tier aus dem Bestiarium hat uns gefallen, denn es erkundet mit großer Sorgfalt sein Revier, ortet mit hochsensiblen Ohren, wo Neues ist.» Nachzulesen sind die Ergebnisse der Auswahl einmal monatlich auf den Kinder- und Jugendbuchseiten der *Zeit* und nachzuhören sind sie im 2. Programm von Radio Bremen, in der Sendung «Kultur plus», meist am zweiten Montag im Monat, 15.05 Uhr.

«Der rote Elephant». Die jährliche Empfehlungsliste wird von der Gemeinschaft zur Förderung von Kinder- und Jugendliteratur e. V. in

Berlin (die dort ein Zentrum für Kinder- und Jugendliteratur gegründet hat) herausgegeben. Den Rezensenten geht es «um eine kritische Begleitung und Kommentierung der deutschsprachigen Kinder- und Jugendliteratur in allen ihren Formen und Genres. Empfohlen werden engagierte, auf soziales Lernen sowie humanistisches Denken und Empfinden zielende Kinder- und Jugendbücher.» Erhältlich ist die Liste bei: Gemeinschaft zur Förderung von Kinder- und Jugendliteratur e. V., Weinmeisterstraße 5, 10178 Berlin (DM 6,– plus Porto).

«Die SR-Kinder- und Jugendbuchliste» weist sechsmal jährlich auf sechs Neuerscheinungen hin. Die Jury ist unabhängig, besteht aus Schülern und Fachleuten aus der Kinder- und Jugendbuchszene und wird für jede Liste neu zusammengestellt. Die Auswahl fällt vor allem auf anspruchsvolle, kritische, unbequeme Literatur, aber auch auf Humorvolles und Informatives. Die Liste wird an Bibliotheken, Schulen, Erwachsenenbildungszentren sowie Buchhandlungen verteilt und liegt dort kostenlos aus. Sie kann auch angefordert werden bei: Saarländischer Rundfunk, Redaktion Kinderfunk, Funkhaus Halberg, 66121 Saarbrücken. Die Liste wird im Saarländischen Rundfunk und bei Radio Bremen vorgestellt (siehe S. 164).

Literaturpreise für Kinder- und Jugendbücher (Bundesrepublik Deutschland, Schweiz und Österreich)

«Blaue Brillenschlange». Der mit 2000 sFr dotierte Preis wird vom Kinderbuchfonds Dritte Welt, Basel, an Bücher vergeben, die die Verminderung ethnozentristischer und rassistischer Haltungen fördern und die die Verhältnisse in der Dritten Welt, die Stellung der nichtweißen Protagonisten in einer Geschichte und die Bearbeitung relevanter Konflikte sachlich korrekt darstellen. Träger des Preises sind die «Erklärung von Bern» (siehe S. 131) und «terre des hommes schweiz».

«Buxtehuder Bulle». Der Gründer des Preises, der Buchhändler Winfried Ziemann, schreibt über die paritätisch mit Jugendlichen und Erwachsenen zusammengesetzte Jury: «Jeder, der bereit war, sich kritisch lesend mit Neuerscheinungen auf dem Jugendbuchmarkt zu beschäftigen, sollte eine Chance haben, in dieser Jury mitzuwirken.» Als Namensgeber fungiert der Stier «Ferdinand» (Munro Leaf, Dioge-

nes), eine Bilderbuchfigur, die sich weigert, als Stier in der Arena zu kämpfen. Träger des mit 8000 DM und einer Stahlplastik dotierten und immer noch jährlich vergebenen Preises ist heute die Stadt Buxtehude.

«Deutscher Jugendliteraturpreis». Dieser bedeutendste ist gleichzeitig auch der einzige staatliche Literaturpreis, gestiftet vom Bundesministerium für Frauen und Jugend. Der Jury gehören Wissenschaftler, Buchhändler, Journalisten und Jugendliche an. Sie zeichnet (in den Sparten Bilder-, Kinder-, Jugend- und Kindersachbuch) jährlich «herausragende, für Kinder und Jugendliche geeignete Werke der Literatur aus. Dadurch sollen Kinder und Jugendliche zur Begegnung und Auseinandersetzung mit Literatur angeregt, zugleich die gesamte Öffentlichkeit, insbesondere Eltern und Erzieher, auf wichtige Neuerscheinungen und Entwicklungen der Literatur für Kinder und Jugendliche hingewiesen werden.» Insgesamt 60000 DM werden vergeben. Die zusätzliche «Auswahlliste» hat für Autoren und Verlage fast ebenso große Bedeutung. Denn die dort aufgenommenen Bücher dürfen mit der Plakette «Auf der Auswahlliste des deutschen Jugendliteraturpreises» werben.

«Evangelischer Buchpreis des Deutschen Verbandes Evangelischer Büchereien». Jedes Jahr werden Bücher einer wechselnden Literaturform dafür ausgezeichnet, daß «Christen sich dafür einsetzen können und daß sie dazu beitragen, über das Christliche in der Literatur neu nachzudenken und zu sprechen». Vorschlagsrecht haben Leser und Mitarbeiter der evangelischen öffentlichen Büchereien.

«Friedrich-Bödecker-Preis». Alle zwei Jahre vergibt der Friedrich-Bödecker-Kreis diesen Preis in Höhe von 4000 DM für besondere Leistungen auf dem Gebiet der Kinder- und Jugendliteratur. Dazu zählen neben der Literatur auch Fernsehen und Hörfunk, Kassetten oder CDs und Kindertheater. Es können Personen und Institutionen ausgezeichnet werden.

«Friedrich-Gerstäcker-Preis der Stadt Braunschweig». Eine ehrenamtliche Kommission zeichnet alle zwei Jahre einen deutschen Schriftsteller aus, der wie Friedrich Gerstäcker das «Erlebnis der weiten Welt» in spannender Weise für Jugendliche darstellt. Der Preisträger erhält 6000 DM.

«Großer Preis der Deutschen Akademie für Kinder- und Jugendliteratur» und *«Volkacher Taler»*. Der mit 6000 DM dotierte und alljährlich verliehene Preis versteht sich als Ergänzung zum Deutschen Jugendliteraturpreis. Er zeichnet keine einzelnen Bücher, sondern Autoren für ihr Gesamtwerk, Graphiker, Wissenschaftler, Journalisten, Praktiker der Jugendbucharbeit oder Bibliothekare für herausragende Leistungen aus. Der «Volkacher Taler» wird als Sonderpreis für Einzelleistungen vergeben.

«Gustav-Heinemann-Friedenspreis für Kinder- und Jugendliteratur». Jedes Jahr vergibt das Land Nordrhein-Westfalen in Erinnerung an den früheren Bundespräsidenten Gustav W. Heinemann den Preis in Höhe von 10 000 DM. «Mit ihm wird ein in deutscher Sprache erschienenes Kinder- oder Jugendbuch ausgezeichnet, das zur Verbreitung des Friedensgedankens beiträgt und der Friedenserziehung dient.» Der Jury gehören Personen an, die auf dem Gebiet der Kinder- und Jugendliteratur sowie der Friedenserziehung sachkundig sind.

«Hans-im-Glück-Preis». Begründet wurde der Preis von dem Schriftsteller Hans-Christian Kirsch (Pseudonym: Frederik Hetmann), um insbesondere junge Autoren zu unterstützen. Ausgezeichnet werden sprachlich und formal anspruchsvolle Romane oder Erzählungen aus dem deutschen Sprachraum für jugendliche Leser und Leserinnen. Die Jury, die aus Wissenschaftlern, Schriftstellern, einer Buchhändlerin und einer/m Vertreter/in der Stadt Limburg a. d. Lahn besteht, wählt solche Bücher und Manuskripte aus, die «durch neue Themen und Erzählweisen auffallen. Sie ermuntert die Einsender ausdrücklich zu Experimenten und Wagnissen», so daß bislang insbesondere junge und unbekannte Autoren die 5000 DM und den Keramikkrug erhalten haben.

«Harzburger Eselsohr». Der Preis, der mit einem silbernen Lesezeichen und 6000 DM dotiert ist, wird alle zwei Jahre «in Würdigung der Verdienste der Harzburger Aktion zum Schutze der Jugend e. V.» vergeben. Die Harzburger Aktion wurde 1953 von Schriftstellern und Pädagogen organisiert und hatte zum Ziel, billige Groschenhefte gegen gute Literatur einzutauschen. Die Jury besteht aus Mitgliedern der Harzburger Aktion, die heute eine alljährliche Jugendbuchwoche veranstaltet, und zwei Jugendlichen.

«Heinrich-Wolgast-Preis für Jugendliteratur zur Arbeitswelt». Der

Preis von 3000 DM wird alle drei Jahre von der Gewerkschaft Erziehung und Wissenschaft an Autoren vergeben, die realitätsgetreu und kritisch über das Thema Beruf schreiben, und zwar über solche Aspekte, die insbesondere Jugendliche betreffen.

«Kalbacher Klapperschlange». Vergeben wird der mit einer Urkunde und einer hölzernen Schlange dotierte Preis von Kindern im Alter zwischen 8 und 14 Jahren, die aus den Neuerscheinungen des laufenden und des Vorjahres ihre Lieblingsbücher auswählen. Die meistgenannten Bücher erhalten den Preis. Alle teilnehmenden Kinder bekommen eine Anerkennung in Form eines Buches.

«Katholischer Kinderbuchpreis». Den mit der Vergabe von 15 000 DM verbundenen Preis erhalten Bücher, «die beispielhaft und altersgemäß religiöse Glaubenserfahrungen vermitteln, Glaubenswissen erschließen und christliche Lebenshaltungen verdeutlichen». Die Jury wird von der Deutschen Bischofskonferenz, die Träger des Preises ist, eingesetzt.

«Kinder- und Jugendbuchpreis der Stadt Oldenburg». Der mit 12 000 DM dotierte Preis wird an Autoren und Illustratoren vergeben, die mit ihren Werken erstmals an die Öffentlichkeit treten. Die Jury besteht aus unabhängigen Fachleuten sowie einem Jugendlichen.

«Kinderbuchpreis der Ausländerbeauftragten des Senats Berlin». Der Preis (insgesamt 10 000 DM) wird von einer internationalen Sachverständigenjury vergeben, und zwar für Bücher, die für Leser zwischen 6 und 14 Jahren geeignet und literarisch anspruchsvoll sind und die das Problem des Fremd-Seins differenziert zeigen. Denn «Kinder brauchen Raum für Hoffnungen; aber sie dürfen nicht mit billigen Harmonisierungen abgespeist werden», so der Anspruch.

«Kinderbuchpreis des Kultusministeriums des Landes Nordrhein-Westfalen». Der Kultusminister verleiht seinen Preis alljährlich für «Bücher, die für Kinder im Erstlesealter geeignet sind». Sie sollen sprachlichen und inhaltlichen Ansprüchen der Altersstufe gerecht werden, im Handel verfügbar sein und durch ihre Aufmachung (Einband, Satz, Illustrationen) Kinder unmittelbar ansprechen. Die vom Kultusminister berufene Jury vergibt 10 000 DM.

«Kinder- und Jugendbuchpreise der Stadt Wien». Sie werden für die «besten neuerschienenen Kinder- und Jugendbücher lebender öster-

reichischer Autoren» vergeben. Die Zuerkennung erfolgt für Bücher, «die in ihrer geistigen Konzeption und künstlerischen Gestaltung dem Auffassungsvermögen der Kinder bis zum 14. und der Jugendlichen bis etwa zum 18. Lebensjahr entsprechen und in der Lage sind, deren sittliches und ästhetisches Empfinden im positiven Sinn zu beeinflussen.» Den Geldpreis erhalten Autoren in den Sparten Kleinkinder-, Kinder- und Jugendbuch.

«Märchenpreis der Märchen-Stiftung Walther Kahn». 10 000 DM erhalten jährlich Personen und Institutionen, die sich dafür einsetzen, Märchen, «ein altes, kostbares Gut aller Völker», lebendig zu erhalten, das europäische Märchengut zu erweitern und die Forschung auf dem Gebiet des Volksmärchens zu fördern.

Die *«Österreichischen Kinder- und Jugendbuchpreise»* teilen sich ein in Preise für Romane/Erzählungen, Lyrik (= Österreichischer Kinderlyrik-Staatspreis), Sachbücher, Illustrationen und Übersetzungen, die in einem österreichischen Verlag erschienen sind. Sie werden vom Bundesministerium für Unterricht und Kunst für die Produktion hervorragender Kinder- und Jugendliteratur vergeben, bei der «Humor und Spannung nicht zu kurz kommen, aber auch die gelungene Bearbeitung sehr ernster Themen». Die Preissumme von 190 000 öS wird unter den Preisträgern aufgeteilt. Außerdem dürfen die Verlage der ausgezeichneten Bücher mit einem Gütesiegel werben.

«Österreichischer Würdigungspreis für Kinder- und Jugendliteratur». Der mit der Vergabe von 70 000 öS verbundene Preis ist eine staatliche Auszeichnung, die alle drei Jahre für besondere Leistungen auf dem Gebiet der Kinder- und Jugendliteratur in Würdigung des Gesamtwerkes einer Autorin oder einem Autor verliehen wird.

«Peter-Härtling-Preis für Kinderliteratur». Aus Anlaß des 50. Geburtstages von Peter Härtling hat der Verlag Beltz & Gelberg diesen mit 10 000 DM dotierten und alle zwei Jahre vergebenen Preis gestiftet, und zwar für ein unveröffentlichtes erzählendes Kinderbuch (Altersstufe 8 bis 14 Jahre), das der Preisträger im Stifterverlag erscheinen lassen kann.

«Preis der deutschen Korczak-Gesellschaft». Mit jährlich 6000 DM werden herausragende Leistungen auf den Gebieten der Pädiatrie oder Kinderliteratur oder der praktischen Erziehungsarbeit ausge-

zeichnet. Die Jury setzt sich zusammen aus dem Vorstand der Gesellschaft (die durch ihr Bestehen an den berühmten Arzt, Schriftsteller und Erzieher erinnern will), die sich mit kompetenten Vertretern aus den entsprechenden Gebieten berät.

«Das rote Tuch». Mit dem Preis in Höhe von 3000 DM werden Jugendmedien ausgezeichnet, die «Faschismus oder antidemokratische und neofaschistische Tendenzen in unserer Gesellschaft kritisch darstellen, demokratisches Handeln der jungen Generation, insbesondere auch gegenüber Minderheiten, fördern und zur Immunisierung der Jugend gegen antidemokratische Tendenzen in unserer Republik beitragen». Träger des Preises sind die SPD Berlin-Charlottenburg und die SPD Berlin-Zehlendorf, die auch die Jury bestimmt.

Der *«Schweizer Jugendbuchpreis»* will alljährlich «das Schaffen der schweizerischen Jugendschriftsteller würdigen, anspornen und auszeichnen». Er wird für ein hervorragendes Einzelwerk oder als Ehrengabe zur Aufmunterung vergeben. Die Jury besteht aus der Jugendschriftenkommission des Dachverbandes der Schweizer Lehrerinnen und Lehrer. Er ist mit 5000 sFr dotiert.

«Die Silberne Feder». Ein Bilderbuch, ein erzählendes Buch oder ein Sachbuch werden alljährlich mit einer Urkunde und einer silbernen Feder für die adäquate Darstellung der Themen Gesundheit und Krankheit ausgezeichnet. Die Jury wird vom Deutschen Ärztinnenbund, der auch die Aktion «Das fröhliche Krankenzimmer» (siehe Seite 52) initiiert hat, bestimmt.

«Troisdorfer Bilderbuchpreis». Die Stadt Troisdorf verleiht den mit 15 000 DM dotierten Preis. Sie will damit die Illustrationskunst fördern, Maßstäbe zur Bewertung des künstlerischen Bilderbuchs setzen und herausragende Leistungen auf dem Gebiet der künstlerischen Illustration von Kinder- und Jugendbüchern würdigen.

«Rattenfänger-Literaturpreis». Ausgezeichnet werden in Hameln Sagen- oder Märchenbücher, moderne Kunstmärchen oder Erzählungen aus dem Mittelalter für Kinder und Jugendliche. Die Jury aus Buchhändlerinnen, Wissenschaftlerinnen, einer Kritikerin und einer Bibliothekarin hat 10 000 DM an Autoren, Bearbeiter, Übersetzer und Illustratoren zu vergeben.

«Das wachsame Hähnchen». Aus einem tönernen Flattermann (Sym-

bol der Wachsamkeit) und einem Glückwunschbrief der Jury bestehend, zeichnet der Preis «das gute Kinder- und Jugendbuch» aus der aktuellen Produktion aus. Nachzulesen ist die Vergabe im *jugendbuchmagazin* (siehe «Zeitschriften»), dessen Redaktion die Jury stellt.

«Zürcher Kinderbuchpreis ‹La Vache Qui Lit›». Den mit einem Wanderpreis (einer Holzkuh von Antonio Vitali) und 3000 sFr versehenen Preis hat der Kinderbuchladen Zürich gestiftet, der eine von ihm unabhängige Jury aus Publizisten, Lehrern, Schülern, Buchhändlern und Bibliothekaren einsetzt. Der Preis wird jährlich wechselnd zwischen Kinder- und Jugendbuch an deutschsprachige Neuerscheinungen vergeben.

Kinder- und Jugendzeitschriften (Bundesrepublik Deutschland)

«Benni. Das bunte Kindermagazin» hat einen katholischen Hintergrund und richtet sich an Kinder ab 6 Jahren. Es informiert über Tiere und Umwelt, zum Beispiel in einem Bericht über Greenpeace, greift Themen wie Glauben und Kommunionsunterricht auf und regt mit Rätseln und Bastelbögen zur Beschäftigung an. Mehr Bilder als Texte machen es den Leseanfängern leicht. Bestelladresse: Weltbild Verlag, Frauentorstraße 5, 86152 Augsburg (Einzelheft DM 3,50 inkl., Jahresabonnement [12 Hefte] DM 42,– inkl.).

«Bimbo. Der kleine Tierfreund» und *«Tierfreund»* haben einen ähnlichen Aufbau, richten sich aber an verschiedene Altersstufen: *«Bimbo»* an Vorschulkinder und *«Tierfreund»* an Schulkinder. Interesse an Tieren ist heute oft gleichbedeutend mit Interesse am Umweltschutz, und deshalb bieten beide Hefte sowohl ausführlich bebilderte Berichte über Tierarten als auch über Aktivitäten für Tiere und Umwelt, wie zum Beispiel Nistkästen bauen oder umweltfreundlich basteln. Ein Poster, Rätsel, Bildgeschichten oder Witze dürfen natürlich auch nicht fehlen. Bezugsadresse: Sailer Verlag, Äußerer Laufer Platz 22, 90327 Nürnberg (*«Bimbo»*: Einzelheft DM 2,80 inkl., Jahresabonnement [12 Hefte] DM 33,60 inkl.; *«Tierfreund»*: Einzelheft: DM 3,30 inkl., Jahresabonnement [12 Hefte] DM 39,60 inkl.).

«Der bunte Hund», ein literarisches Magazin aus dem Hause Beltz & Gelberg mit Erzählungen, Bildgeschichten, Comics, Rätseln und Spielen. Darüber hinaus finden sich Berichte wie zum Beispiel über E. O. Plauen, den Erfinder von *«Vater und Sohn»*, und Rezensionen von aktuellen Kinder- und Jugendbüchern. Bestelladresse: Buchhandel oder Beltz & Gelberg Verlag, Postfach 100154, 69469 Weinheim (Einzelheft DM 9,80, Jahresabonnement [3 Hefte] DM 26,–).

«Floh/Flohkiste» gibt es für vier Altersstufen: «Flohkiste 1» und «Flohkiste 2» jeweils für die 1. und 2. Klasse, «Floh 3» und «Floh 4» jeweils für die 3./4. und 5. Klasse. Die Artikel, Fotogeschichten und Comics thematisieren vor allem Natur und Schule, aber auch Buntgemischtes für die jeweilige Schulstufe. Eine Kolumne für Brieffreundschaften und Rätsel gehört ebenso zu jedem Heft wie ein «Eltern-Schulbegleiter» mit Tips für Eltern. Bestelladresse: Domino Verlag, Hubertusstraße 22, 80639 München (Einzelheft DM 2,90 plus Porto, Vierteljahresabonnement [im Jahr 30 Hefte] DM 28,50).

«G. Geschichte mit Pfiff» informiert alle interessierten Jugendlichen über die Frühgeschichte, die alte Geschichte, das Mittelalter, die frühe Neuzeit und die Neuzeit. Darüber hinaus greift die Zeitschrift Themen wie «Klimawechsel», die Geschichte der Eisenbahn oder die Aktualität von Utopien auf. Rezensionen geben daneben Auskunft über Neuerscheinungen. Mit äußerst ansprechendem Layout präsentiert, wird die Historie hier lebendig. Bestelladresse: Sailer Verlag, Äußerer Laufer Platz 23, 90403 Nürnberg (Einzelheft DM 5,50 inkl., Jahresabonnement [12 Hefte] DM 58,80 inkl.).

«Hoppla. Das Kindermagazin zum Mitmachen, Mitlachen, Mitlernen» wendet sich, mit christlichem Hintergrund, an die Kleinsten, mit Comics, leichten Rätseln, Tiergeschichten, Bastelbögen, Kochrezepten, Fotogeschichten ... alles bunt und ansprechend bebildert. Ein Heft für Eltern und Erzieher mit Berichten, zum Beispiel über die Bedeutung des Teddys für Kinder, Meldungen und Rezensionen von Büchern für Vorschulkinder gehört ebenfalls zu «Hoppla». Bestelladresse: Weltbild Verlag, Frauentorstraße 5, 86152 Augsburg (Einzelheft DM 4,50 inkl., Halbjahresabonnement [6 Hefte] DM 27,– inkl., Jahresabonnement DM 54,– inkl.).

«Junge Zeit» widmet sich den Jugendlichen und ihren Problemen bzw. Interessen. Dazu gehören zum Beispiel Themen wie Flirten oder Ver-

gewaltigung, Umwelt und Politik, Glauben und Berufe. Natürlich kommen auch der Sport und die Musik nicht zu kurz. Allerlei Rubriken zu Brieffreundschaften usw. machen das Ganze zu einem geballten Informationspaket. (Die Zeitschrift hat einen christlichen Hintergrund.) Bestelladresse: Weltbild Verlag, Frauentorstraße 5, 86152 Augsburg (Einzelheft DM 3,– inkl., Jahresabonnement [12 Hefte] DM 36,– inkl.).

«Mücki und Max» und *«Mücke»*: Während *«Mücki und Max»* sich vor allem an Schul- und Leseanfänger richtet, ist *«Mücke»* eher für fortgeschrittene Leser im Grundschulalter gedacht. Beide Zeitschriften sind ähnlich aufgebaut und wollen Kinder spielerisch an das Lesen heranführen. Das geschieht vor allem mit Hilfe von Gedichten und Erzählungen bekannter Autoren wie Josef Guggenmos und Janosch. Natur, Verkehrserziehung (z. B. rund ums Fahrrad mit einer Fahrrad-TÜV-Liste) und Umwelt sind weitere feste Rubriken (in *«Mücki und Max»* als Bildgeschichten, in *«Mücke»* als Berichte), die von einem Poster, Rätseln und Texten von Kindern ergänzt werden. Es gibt auch Themen-Hefte (z. B. «Mut» oder «Ostern»). Bestelladresse: Universum Verlagsanstalt, Postfach 57 20, 65193 Wiesbaden (Einzelheft DM 8,50 inkl., Rabatt erst ab 5 Exemplaren: DM 2,20 inkl., 11 Hefte jährlich, Juli/August 1 Doppelheft).

«Samsolidam. Eine Kinderzeitschrift mit Geschichten aus der 3. Welt und unserem Land» (herausgegeben von der Entwicklungshilfeorganisation ASW) richtet sich an Neun- bis Zwölfjährige und informiert in Berichten, Erzählungen und Interviews über Kinder aus aller Welt. Fotos, Bilder und zeitgenössische Zeichnungen (wenn es um andere Epochen geht) illustrieren die Artikel, zwischen denen sich Rätsel, Kochrezepte und Spiele verstecken. Bestelladresse: ASW, Hedemannstraße 14, 10969 Berlin (Einzelheft DM 4,50 inkl., Kennenlernpaket [3 Hefte] DM 11,– inkl., Jahresabonnement [4 Hefte] DM 16,– inkl.).

«Spatz, die bunte Kinderzeitschrift für das Kindergarten- und Grundschulalter» besteht vor allem aus ansprechenden Zeichnungen, Gedichten, Erzählungen, Spielen, Rätseln und einer Unmenge an Bastelanleitungen – gegen Langeweile aller Art. Bestelladresse: Klens-Verlag, Postfach 32 06 20, 40421 Düsseldorf (Einzelheft DM 1,– plus Porto/Versand, Jahresabonnement DM 18,– inkl.).

«spielen und lernen» ist für Kinder und Eltern. Die Zeitschrift besteht

aus Artikeln zu allen Fragen, die Eltern zu Erziehung, Gesundheit und Schule haben sowie aus einem langen Informationsteil mit Rezensionen und Tips zu Kinderfilmen, Kinderbüchern, Kinderradio, Kassetten, Spielzeug. In der Mitte gibt es das bei Kindern sehr beliebte «spiel mit»-Heft, das Erzählungen, Bastelanleitungen, Rätsel, Kochrezepte und jahreszeitliche Tips bringt. Erhältlich im Zeitschriftenhandel für DM 7,30 und bei: Velber-Verlag GmbH, Leser-Service, Postfach 10 02 54, 30926 Seelze (im Jahresabonnement [12 Hefte] DM 75,60 inkl.).

«klein&groß» richtet sich an Erzieherinnen, (Grundschul-)Lehrer und Eltern. Mit sozialpolitischen und pädagogischen Themen und Informationen, dem ausführlichen Medienteil (Rezensionen und Tips zu Kinderfilmen, Kinderbüchern, Kinderradio, Kinderfernsehen, Kassetten, Spielzeug) und umfangreichen Projektbeschreibungen sowie Bastel- und Spielaktionen zum Nachmachen ist die Zeitschrift nicht nur für Kindergärten und Grundschulen, sondern auch für interessierte Eltern nützlich. Erhältlich im Zeitschriftenhandel und bei: Luchterhand Verlag, Postfach 23 52, 56513 Neuwied (im Jahresabonnement [10 Hefte, davon 2 Doppelhefte] DM 48,– plus Versandkosten).

«Stafette. Das Jugendmagazin» richtet sich an Ältere und präsentiert ihnen spannende Artikel aus den Bereichen Sport und Stars, Natur und Jahreszeiten, Geschichte, Politik und Partnerschaft (z. B. Eltern, die sich scheiden lassen, oder erste Liebe). Leserseiten, Brieffreundschafts-Gesuche, der Kochclub, ein Poster, Rätsel und Witze gehören zur «Grundausstattung». Bestelladresse: Sailer Verlag, Äußerer Laufer Platz 22, 90403 Nürnberg (Einzelheft DM 3,50, Jahresabonnement [12 Hefte] DM 42,– inkl.).

«Treff. Schülermagazin. Die Zeitschrift für Jungen und Mädchen» eröffnet mit einer Diskussionsseite und berichtet anschließend über Themen wie Umweltschutz, Dritte Welt, Geschichte und Tiere; Sammelkarten, ein Poster, Seiten zum jahreszeitlichen Backen und Basteln, mit Rätseln und «Kleinanzeigen» folgen. Erhältlich im Zeitschriftenhandel für DM 5,50 und bei: Velber Verlag, Postfach 10 02 54, 30926 Seelze (im Jahresabonnement DM 54,40 inkl.).

«Tu was im ...» ist eine Monats-Umweltzeitschrift für Kinder, die mit Umweltnachrichten beginnt, mit Berichten und einem Quiz fortfährt

und mit einer von Kindern gestalteten Seite endet. Bezugsadresse: A-Z Jugendschriftenvertrieb GmbH, Postfach 10 03 45, 80639 München (Einzelheft DM 3,50 plus Porto/Versand, Jahresabonnement [12 Hefte] DM 55,20 inkl. Porto/Versand).

«Weite Welt. Die Steyler Schülerzeitschrift» (herausgegeben von den Steyler Missionaren, also mit christlichem Hintergrund) enthält Berichte über Umwelt und Sport, andere Länder und Unterhaltendes sowie über Brisantes, z. B. Kinderarbeit und Ausländerfeindlichkeit. Die Rubriken Rätsel, Brieffreundschaften, Schülerseiten, Kochrezepte, Poster, Witze und Comics gehören ebenfalls dazu. Bestelladresse: Steyler Missionare, Apostolat Zeitschriften, Postfach 24 60, 41334 Nettetal (Einzelpreis DM 1,80 inkl., für Mitglieder der Steyler Missionare kostenlos).

Literatur

Andresen, Ute: Versteh mich nicht so schnell. Gedichte lesen mit Kindern. Weinheim/Berlin 1992

Bettelheim, Bruno: Kinder brauchen Bücher. Lesenlernen durch Faszination. Stuttgart 1982 (Taschenbuchausgabe bei dtv, Nr. 15000)

Bettelheim, Bruno: Kinder brauchen Märchen. Stuttgart 1977 (Taschenbuchausgabe bei dtv, Nr. 15010)

Börsenverein des Deutschen Buchhandels/Stiftung Lesen/Arbeitsgemeinschaft von Jugendbuchverlegern: Lesen ist Familiensache. Informationsbroschüre für Eltern. Frankfurt (3) 1991

Dehn, Mechthild: Bilderbuch, Zeitung und Autoatlas. Zur Entwicklung eines Begriffs vom Lesen. In: Die Grundschulzeitschrift 5 (Januar 1991), 41, S. 3

Doelker, Christian/Franzmann, Bodo/Hartmann, Waltraut/Heginger, Walter: Immer dieses Fernsehen. Handbuch für den Umgang mit Medien. Wien/Ravensburg/Zug 1983

Flaig, Werner/Jepsen, Claus-Peter: Eigentlich haben damit nur Erwachsene zu tun – Wie kleine Kinder an Bücher kommen. In: Welt des Kindes, 65 (November/Dezember 1987), 6, S. 452–458

Franzmann, Bodo: Leseverhalten im Spiegel neuerer Untersuchungen. In: Lesen im internationalen Vergleich. Teil I. Mainz 1990, S. 53–70

Franzmann, Bodo: Plädoyer für Buch und Lesen. Zur gesellschaftspolitischen Begründung der Leseförderung. In: Deutsche Lesegesellschaft e. V. (Hg.): Plädoyer für Buch und Lesen. Bonn 1978

Fritz, Angela/Suess, Alexandra: Lesen. Die Bedeutung der Kulturtechnik Lesen für den gesellschaftlichen Kommunikationsprozeß. Konstanz 1986

Fritz, Angela: Lesen im Medienumfeld: eine Studie zur Entwicklung und zum Verhalten von Lesern in der Mediengesellschaft auf der Basis von Sekundäranalysen zur Studie «Kommunikationsverhalten und Medien». Gütersloh 1991

Fröhlich, Werner D./Zitzlsperger, Rolf/Franzmann, Bodo (Hg.): Die verstellte Welt. Beiträge zur Medienökologie. Weinheim und Basel 1992

Gärtner, Hans: Kinder – Lesen – Kinderliteratur heute. Einige Aspekte zu Fragen der Bedeutung von Buch und Lesen in der Erziehung. In: Christ und Bildung 33 (1987), 3, S. 3–5

Grünewald, Dietrich: Vom Umgang mit Comics. Berlin 1991

Hartmann, Waltraud/Heginger, Walter/Rieder, Albert: Buch. Partner des Kindes. Wissenswertes über Bücher für die ersten acht Lebensjahre. Wien 1978

Hein, Hilke C.: Spielend lesen lernen. Ein Lernbuch für Kinder, Eltern und Pädagogen. Reinbek 1991 (rororo Nr. 8810)

Hentig, Hartmut von: Wir brauchen Leser. Wirklich? Konstanz 1990

Hurrelmann, Bettina/Nowitzky, Klaus/Possberg, Harry: Familie und erweitertes Medienangebot. Ergebnisse der ersten Erhebungswelle der Familien-Untersuchung im Kabelpilotprojekt Dortmund. In: Media Perspektiven (1988) 3, S. 152–164

Hurrelmann, Bettina/Hammer, Michael/Nieß, Ferdinand: Lesesozialisation. Band 1. Leseklima in der Familie. Eine Studie der Bertelsmann Stiftung. Gütersloh 1993

Hurrelmann, Bettina: Das Verschwinden der Erwachsenen aus der Leseerfahrung der Kinder. In: Börsenblatt für den Deutschen Buchhandel (22. September 1987) Nr. 76, S. 2506–2513.

Köcher, Renate: Familie und Lesen. Eine Untersuchung über den Einfluß des Elternhauses auf das Leseverhalten. (Archiv für Soziologie und Wirtschaftsfragen des Buchhandels LXIII.) In: Börsenblatt für den Deutschen Buchhandel (Beilage), Frankfurter Ausgabe (14. Oktober 1988), Nr. 82

Kreibich, Heinrich: Lesemotivation und Leseförderung in Familie und Kindergarten. In: Lehren und Lernen 18 (Januar 1992), 1, S. 17–29

Lüdtke, Hartmut: Zwei Jugendkulturen? Freizeitmuster in Ost und West. In: Jugendwerk der Deutschen Shell: Jugend '92, Band 2. Im Spiegel der Wissenschaften, S. 239–264

Mallet, Carl-Heinz: Kopf ab! Über die Faszination der Gewalt im Märchen. München 1985

Mittenhuber, Erika: Können Sprachkassetten das Leseverhalten von Grundschülern beeinflussen? In: Christ und Bildung 33 (1987), S. 6–9

Muth, Ludwig (Hg.): Der befragte Leser. Buch und Demoskopie. München/London/New York/Paris 1993

Opaschowski, Horst W.: Freizeit 2001. Ein Blick in die Zukunft unserer Freizeitwelt vom B.A.T. Freizeit-Forschungsinstitut. Hamburg 1992

Opaschowski, Horst W.: Freizeit und Fernsehkonsum im Wandel.

Eine Analyse vom B.A.T. Freizeit-Forschungsinstitut. Hamburg 1992

Pousset, Raimund/Hoffmann, Gabriele: Die besten Bücher für Ihr Kind. 333 Vorschläge für Eltern. Reinbek 1992 (rororo Nr. 9375)

Reumann, Kurt: Lesefreuden und Lebenswelten. Zürich/Osnabrück 1992

Rogge, Jan-Uwe: Kinder können Fernsehen. Vom sinnvollen Umgang mit dem Medium. Reinbek 1994 (5., erweiterte Auflage rororo Nr. 8598)

Saxer, Ulrich/Langenbucher, Wolfgang/Fritz, Angela: Kommunikationsverhalten und Medien. Lesen in der modernen Gesellschaft. Eine Studie der Bertelsmann Stiftung. Gütersloh 1989

Schaufelberger; Hildegart: Kinder- und Jugendliteratur heute. Themen, Trends und Perspektiven. Freiburg 1990

Schaufelberger, Hildegart: Märchenkunde für Erzieher. Grundwissen für den Umgang mit Märchen. Freiburg 1987

Schön, Erich: Erinnerungen von Lesern an ihre Kindheit und Jugend. In: Media Perspektiven (1990) 5, S. 337–347

Singer, Dorothy G./Singer, Jerome L./Zuckerman, Diana M.: Use TV to Your Child's Advantage. Reston, Virginia 1990

Singer, Dorothy G./Singer, Jerome L.: The House of Make-Believe. Play and the Developing Imagination. Cambridge, Massachusetts/London 1990

Stiftung Lesen (Hg.): Buch und Lesen in Kindheit und Jugend. Ein kommentiertes Auswahlverzeichnis von Literatur und Modellen zur Leseförderung. Weinheim und Basel 1992

Stiftung Lesen/Börsenverein des Deutschen Buchhandels: Damit uns nicht Hören und Sehen vergeht – Lesen ist Familiensache. Mainz/Frankfurt (2) 1991

Stiftung Lesen: Medienerziehung in der Familie. Brief 1–6. Mainz 1986/1988

Thiele, Jens: Neue Erzählformen im Bilderbuch. Untersuchungen zu einer veränderten Bild-Text-Sprache. Oldenburg 1991

Walter, Gisela: Noch mal, noch mal, noch mal! – Hör-Kassetten in Familie und Kindergarten. In: Welt des Kindes 65 (November/Dezember 1987), 6, S. 459–465

Wansleben, Margot: Lob des Vorlesens. In: Welt des Kindes 65 (November/Dezember 1987), 6, S. 428–433

Mit Kindern leben

Schwangerschaft, Geburt und die ersten Lebensjahre.

Ines Albrecht-Engel (Hg.)
Geburtsvorbereitung *Handbuch für werdende Mütter und Väter. Empfohlen von der Gesellschaft für Geburtsvorbereitung*
(rororo sachbuch 9392)

Hermann Bullinger
Wenn Männer Väter werden
Schwangerschaft, Geburt und die Zeit danach im Erleben von Männern
(rororo sachbuch 7751)
Wenn Paare Eltern werden
Die Beziehung zwischen Frau und Mann nach der Geburt des Kindes
(rororo sachbuch 8096)

Irene Dalichow
Sanfte Massagen für Babys, Kinder und Eltern *Liebe, die durch die Haut geht*
(rororo sachbuch 8597)

Ulrich Diekmeyer
Das Elternbuch 1 - 6
(rororo sachbuch 9120 - 9125)

Sabine Friedrich / Volker Friebel
Einschlafen, Durchschlafen, Ausschlafen *Ruhigere Nächte für Eltern und Kinder*
(rororo sachbuch 9397)

Hilsberg / Scheilke / Schön
Schwangerschaft, Geburt und erstes Lebensjahr *Ein Begleiter für werdende Eltern*
(rororo sachbuch 8519)

Cornelia von Hoerner-Nitsch
Das Schmusebuch *Zärtliche Spiele für Babys, Kinder und Eltern*
(rororo sachbuch 8531)

rororo sachbuch

Inge Kelm-Kahl
Hausgeburt - besser für Mutter und Kind *Die neuen Erkenntnisse, die richtige Vorbereitung*
(rororo sachbuch 8762)

C. Lauterbour / M. Lehners / C. Thommes
Stillen: Ein Handbuch von A-Z
(rororo sachbuch 9191)

Anne-Bärbel Münchmeier
Spielen mit kleinen Kindern und Babys *Ideen - Anregungen - Spielzeug im Test*
(rororo sachbuch 7900)

Deborah Jackson
Drei in einem Bett *Schlafen mit Kind*
(rororo sachbuch 8766)

J. Steidinger / K. J. Uthicke
Frühgeborene *Von Babys, die nicht warten können*
(rororo sachbuch 8504)

Ein Gesamtverzeichnis der Reihe *mit kindern leben* finden Sie in der *Rowohlt Revue*. Jedes Vierteljahr neu. Kostenlos in Ihrer Buchhandlung.

3413/5

Mit Kindern leben

Praktische Tips, Ideen, Ratgeber. Anregungen für den Umgang mit Kindern in der Freizeit.

Helga Biebricher
Scherzfragen, Rätsel, Schüttelreime *Vergessenes und Neues zur Unterhaltung*
(rororo sachbuch 7662)

Gela Brüggebors
Körperspiele für die Seele
312mal Bewegung, Entspannung, Energie. Anregungen zur Psychomotorik
(rororo sachbuch 8526)
Klüger als die Eltern... *Mentale Spiele für Kinder*
(rororo sachbuch 9354)

Kristina Hoffmann-Pieper
Basteln zum Nulltarif *Spiel und Spaß mit Haushaltsdingen*
(rororo sachbuch 7955)

Barbara Cratzius
Noch mehr Fingerspiele und andere Kinkerlitzchen *Eine Wundertüte für neue Spiellust mit kleinen Kindern*
(rororo sachbuch 8574)
Allererste Kinderrätsel
Denkspaß für Eltern und Kinder
(rororo sachbuch 9143)

Walter Diem
Spielausflüge *Ralleys und Spiele im Grünen*
(rororo sachbuch 8443)

Sharla Feldscher
Das Spiel- und Aktionsbuch
Spaß für Kinder, Eltern, Pädagogen
(rororo sachbuch 8867)

Bettina Hannsz
Kinder mögen Yoga *Entspannung für Körper und Seele*
(rororo sachbuch 9130)

3413/4b

K. u. H. J. Hoffmann-Pieper
Basteln ohne Gift *Mit Einkaufsführer*
(rororo sachbuch 8853)

Karin Mönkemeyer
Mit Kindern Umwelt und Natur entdecken:
Frühling
(rororo sachbuch 8828)
Sommer
(rororo sachbuch 8829)
Herbst
(rororo sachbuch 8830)
Winter
(rororo sachbuch 8831)

Beate Seeßlen-Hurler
Kinderfeste *Vorschläge für den Feierspaß von groß und klein*
(rororo sachbuch 8302)

E. Wüpper / Zirkus Kralle
Kinder, Clowns und Kapriolen
Zirkus zum Selbermachen
(rororo sachbuch 8440)

Ein Gesamtverzeichnis der Reihe mit *kindern leben finden* Sie in der *Rowohlt Revue*. Jedes Vierteljahr neu. Kostenlos in Ihrer Buchhandlung.

rororo sachbuch

Spiele- und Beschäftigungsbücher

Knobeln, drudeln, rätseln, reimen, kochen, basteln – dabeisein ist alles.

Evi u. Hansjörg Langenfass
Comic-Kochbuch *Heiße und kalte Tips für Kochkönige und Katastrophenköche*
(rotfuchs 212)

E. Kahlert / F. Kohlsaat
Rätselkiste
(rotfuchs 290)
Sagt mit, bitte, liebe Leut'
was das für ein Ding bedeut':
Dieses Ding hat sieben Häut'
und das Ding beißt alle Leut'
bis die bittre Tränen weinen.
Was für'n Ding werd ich
wohl meinen?

Witzekiste *Bilder, Witze, Rätsel, Reime, Fabeln und Geschichten*
(rotfuchs 253)
Zwei Hasen werden von einem schwarzen Pudel verfolgt. Sie laufen, schlagen Haken und können endlich den Hund abschütteln. Etwas außer Atem setzen sie sich nieder, um auszuruhen. Plötzlich taucht hinter einem Hügel ein weißer Pudel auf. «Mensch», ruft da der eine Hase, «jetzt müssen wir aber noch einen Zahn zulegen. Der verdammte Hund hat schon seinen Pullover ausgezogen.»

Krimikiste
(rotfuchs 409 / ab 9 Jahre)
In diesem Buch gibt es nur eine Leiche, und das ist eine dumme Gans. Aber Müllmänner und Füchse geraten in Verdacht und Bürgermeister und Hasen in Teufels Küche ...

rororo rotfuchs

Poesiekiste *Sprüche fürs Poesiealbum*
Herausgegeben von Joachim Fuhrmann. Bilder von B. Kaip
(rotfuchs 274)

Eve Marie Helm
Die Rätselhexe *Erster Lesespaß*
Bilder von Margit Pawle
(rotfuchs 538 / ab 6 Jahre)
Eine Geschichte zum Mitraten für Leseanfänger.

F. K. Waechter / Bernd Eilert
Die Kronenklauer
(rotfuchs 448)
Eine wahre Wundertüte, randvoll mit Späßen und Überraschungen. Man kann in und mit diesem Buch lesen, falzen, raten, reimen, malen und singen.

Natias Neutert
100 Tricks und Zaubereien
(rotfuchs 119 / ab 8 Jahre)
Ein «kleiner Ratgeber» für Zauber- und sonstige Trickssereien. Alle Tricks und Tips sind mit verständlichen Anleitungen beschrieben und bebildert.